| 세미오시스 연구총서 06 |

북한 아동영화와 미디어의 횡단

이 저서는 2010년도 대한민국 교육부와 한국연구재단의
인문한국(HK)지원사업의 지원을 받아 수행된 연구임(NRF-2010-361-A00013).

| 세미오시스 연구총서 06 |

북한 아동영화와

미디어의 횡단

지은이 **김은정**

HU:iNE

목차

북한 아동영화와 미디어의 횡단

머리말

북한 아동영화와 미디어의 횡단

북한 아동영화를 처음 접한 것은 1994년이었다. 난 그때 영화모임 '연남극장' 극장장이었고, 영화평을 쓰고, 연남극장을 통해 들어온 아르바이트나 하는 백수였다. 북한 아동영화를 보고 분류하는 작업도 연남극장을 통해 들어온 아르바이트로 영화 모임에 필요한 운영자금을 마련하기 위해 시작했다. 즉 더 만족스럽게 놀기 위해 선택한 아르바이트였다. 당시의 나는 호모 루덴스였다. 하루에 비디오로 영화를 4편에서 많게는 10편까지 보고, 온갖 영화제를 다 따라다니며 생활을 했었다. 일본 애니메이션을 정복하고, 체코와 프랑스, 중국 애니메이션에 열광하고 있던 차였다. 그리고 1달 동안 아르바이트로 본 150여 편의 북한 아동영화는 1970년대 흑백 영화 몇 편을 제외하고는 정치성도 강하지 않고 정말 재밌었다. 하지만 당시는 북한의 '북'자만 나와도 빨갱이로 몰리는 시기였고, 검문검색이 일상화되어 있던 때였다. 다 본 비디오테이프를 반납하고 새로운 비디오테이프를 받아 갈 때 길목을 지키고 있는 전경을 보면서 검문을 당할까봐 무척 긴장을 했던 기억이 아직도 역력하다. 그래서 그때 본 영화에 대한 기록과 평을 3.5인치 플로피디스크 안에 몰래 간직할 수밖에 없었지만 그 이후 난 지금도 여전히 북한 아동영화를 보고, 분석하고 있다.

아동영화에 대한 연구가 시작된 지 30여년이 지났음에도 남한에서 북한 아동영화의 연구가 활발하지 않다. 그 까닭은 먼저 전문 인력의 부재를 들 수 있다. 둘째, 국내에 입수된 아동영화가 많지 않다는 점이다. 장편 시리즈물 7편을 포함 현재 국내에 입수된 영화는 1, 000여 편에 불과하다. 셋째, 국내에 입수된 북한 아동영화 중 장편의 수가 많지 않다는 점 역시 북한 아동영화 연구에 장애로 작용을 한다. 국내에 입수된 단편은 5분에서 15분 이하의 작품이 주를 이루고 있어 한 편만으로는 작품을 분석하는 데 어려움이 있으며, 같은 주제를 찾기도 쉽지 않다는 점도 연구자들이 기피하는 점이다. 넷째, 작품들 중 다수가 녹화자의 비전문성으로 인해 자료적 가치를 상실한 것이 많다. 작품들 중 다수가 엔딩 크레디트 EndingCredit이 삭제되어 있어 제작년도와 영화제작 인력에 대한 정보를 파악할 수 없다. 1970년대와 1960년대 작품은 그 정도가 더욱 심각하다.

그리고 국내에는 아동영화에 대한 소개 책자나 아동영화에 대한 포괄적인 분석은 있어도 전문적으로 아동영화를 평가한 서적이 부재하다. 따라서 이 책에서 북한 아동 영화의 기본적인 것을 담고 싶었다. 하여, 북한 아동영화에 대한 작품별 분석이나 아동영화에 대한 창작 방법, 아동영화에 대한 창작지침, 북한의 아동영화에 대한 관점에 연구를 통해 북한의 아동영화를 종합해 보고 싶다는 생각이 있었다. 이 책을 쓰면서 그것이 무리라는 것을 깨달았지만 다행히도 아직 북한 아동영화를 분석한 책자가 없음을 다행으로 여기며 도전장을 내본다.

이 책에서 주목하는 것은 활자매체를 영상매체로 변환할 때 발생하는 변화 지점이다. 수령형상예술에서 영향력을 행사하고 있는 총서 『불멸의 력사』는 북한 매체의 중심에 서 있다. 영상매체인 아동영화 『소년 장수』, 『아금랑』과 예술 영화 『조선의 별』의 모체는 총서 『불멸의 력사』이다. 총서는 단지 종이에 인쇄된 문자의 나열을 넘어서서 새로운 매체를 통해 재창조되는데 『소년 장수』와 『아금랑』도 그 중 하나이다. 특히 『소년 장수』와 『아금랑』은 총서 『불멸의 력사』의 틀과 천세봉이 창조한 수령형상 및 가계형상의 틀 속에 갇혀 있는 것이 아니라 신화 또는 설화, 전통 민담 모티브를 재해석함으로써 작품의 질 자체를 결정적으로 진화시킨 결과를 낳았다. 그리고 그 결과 새로운 창작물의 위치에 설 수 있었다.

이 두 작품이 보여주는 전통과 문학의 재가공은 영상매체가 활자매체에 영향을 받은 것으로 볼 수 있다. 북한이 근대적 매체를 활용해 나가는 양상은 대체로 당시의 신문, 잡지와 같은 저널리즘과 출판 매커니즘 및 영화와 같은 예술 등의 순서를 밟아 진행되지만 역순으로 진행되는 예도 없지 않다. '민주주의' 담론은 주제에서 역순의 진행을 보여준다.

수령형상 영화인 10부작 『조선의 별』은 1980년부터 1987년까지 제작되었으며, 『소년장수』의 제작 시기는 1987년부터 1997년까지이다. 제작 시기를 본다면 『조선의 별』을 제작하는 과정에서 아동용 버전인 『소년장수』의 제작을 염두에 두고 있었다는 예측이 가능하다. 1987년은 1972년부터 출간되기 시작한 수령형상문학인 총서 『불멸의 력사』가 개작되어 15권의 시리즈물로 재 발간된 해이기도 하다. 이를 볼 때 수령형상물이 소설-예술영화-아동영화 순으로 장기적인 기획 아래 매체를 통해 창조되었음을 알 수 있다. 이처럼 북한의 영화매체는 문학과 서로를 뒷받침하며 북한 문화의 활성화에 일익을 담당했다. 북한에서는 미디어의 횡단이 1980년대부터 이미 시작되고 있었음을 알 수 있다. 이러한 미디어의 횡단은 국가관리 체계였기 때문에 가능했다.

『소년장수』 89편, 『다람이와 고슴도치』 32편, 『령리한 너구리』 63편, 『고구려의 젊은 무사들』 7편 도합 191편의 만화영화를 보는 일은 쉬운 일이 아니었다. 장편이 갖는 도식성 때문에 지루함도 있었지만 북한 만화영화에서 보이는 명랑성과 기상천외한 상상력 덕분에 즐거웠다. 하지만 특히 타이틀 롤과 시간을 기록해야했기에 편안하게 볼 수 없었던 것이 작품을 분석하는데 장애로 작용했음을 부인할 수 없다. 즐기면서 만화영화를 보지 못하는 것은 직업병이기에 고쳐보려 노력은 하지만 쉽지는 않다. 『소년장수』 89편을 다시 볼 수 있었던 것은 한창 웹툰과 애니메이션에 빠져 있는 무서운 중2이라 불리는 조카 동완이 때문이다. 동완이는 자신이 즐겨보는 애니메이션과 동영상을 나에게 보여주었고, 조카가 공유해 준 『환상게임』의 주제가는 옛 추억과 함께 심장이 뛰었던 1994년을 상기시켜주었다.

다시금 나에게 심장을 뛰게 해주었던 조카 동완이에게 감사의 마음을 전한다. 그리고 25년을 함께 북한 문학을 공부하였고, 네이버 오디오클립의 『북한탐구생활』 등 공동 프로젝트를 함께하였으며, 2009년 『소년장수』에 관한 논문을 쓸 수 있도록 『소년장수』CD를 50부까지 제공해주신 건국대 HK 통일인문학연구단 전영선 선생님과 익사이트웍스의 김지은 선생님, 해외 출장 중이심에도 해외에서 1분 만에 메일에 답을 주신 아랍어과 윤은경 선생님과 이란어과 곽새라 선생님 그리고 이 책을 편집하느라 고생하신 한국외국어대학교 지식출판콘텐츠원 편집자 선생님께 이 자리를 빌어 감사의 인사를 드린다.

이문동 연구실에서

김은정

I. 북한 아동영화의 현황과 특징

1. 북한 아동영화의 종류

애니메이션은 표현영역이 광범위하고, 만화적 아이디어를 통해 어린이의 사고체계에 접근하기 용이한 매체이다. 일본 만화영화 수입에만 의존하고 있을 당시 폭력성 논란이 일기도 했지만 현재는 매체가 지닌 접근성을 통해 아동들을 교육하는데 유용한 이용되고 있다. 그럼에도 아직까지 국내에서는 애니메이션이 지닌 강한 오락성 때문에 교육적 기능에 대해서 평가를 받고 있지 못하고 있다.

그런 면에서 북한 아동영화[1]는 교육성과 오락성 그리고 예술성까지 보여주고 있어 주목할 만하다. 민족적 정서라는 관점에서 동일한 민족을 관객으로 이미 실험을 거친 북한의 아동영화[2]는 북한의 다

---

1) 북한에서 아동영화는 만화영화, 지형영화, 인형영화 등을 지칭하는 것이 일반적이다. 실사 영화가 포함되는지 의 여부에 대해서는 연감을 통해서는 확인되지 않으며, 아동을 대상으로 한 실사 영화는 현재 국내에 입수되지 않은 관계로 확인이 어렵다.

2) 북한 아동영화 중 『소년장수』의 일부와 『날개 달린 룡마』 등은 춘천 애니메이션 페스티벌에서 상영되었으며, 2005년 7월에는 『령리한 너구리』 시리즈가 KBS에서 방영된 바 있다.

른 문학예술과는 달리 제작 능력을 국제적 차원에서 검증 받고 있는 장르이다.

아동영화[3]란 남한에서의 만화영화로 아동영화에 대해 북한의 『문학예술 사전』에서는 다음과 같이 정의하고 있다.

> 어린이들을 대상으로 하고 그들의 교양을 목적으로 만들어진 영화. 만화영화, 인형영화, 지형영화 등이 속한다. 넓은 의미에서 아동들을 위하여 만들어진 예술영화, 기록영화들도 이에 속한다. 아동영화에서의 배역은 주로 어린이들이 담당수행한다. 아동영화는 줄거리가 명확하고 사건구성이 비교적 단순하며 재미있는 이야기를 통하여 어린이들의 생활을 생동하게 반영한다. 아동영화의 화면은 간결하고 생동하다. 우리나라에서는 위대한 수령 김일성동지와 친애하는 지도자 김정일동지의 현명한 령도밑에 다양한 주제의 아동영화들이 수많이 창작되고 있다.[4]

그리고 그림 영화에 대해 다음과 같이 설명하고 있다.

> 아동영화의 하나. 그림을 찍어서 만든 영화로서 보통 아동들을 비롯하여 인격화된 동식물, 무생물 등이 등장하며 때로는 작가의 상상에 의해 설정된 가상적인 물체까지도 이용된다. 이 영화의 특성은 다른 아동영화에 비하여 넓은 묘사 대상과 예술적 허구 및 과장의 수법을 보다 풍부히 이용할 수 있는 가능성을 가지고 있다는데 있다. 그러나 그림영화는 생략된 선과 면에 의하여 모든 동작을 표현하는 만큼 인간의 복잡한 감정 세계와 생활의 제 현상을 섬세하고 면밀하게 묘사하지 못하는 제약을 가진다. 그림영화는 어린이들이 쉽게 이해할 수 있게 생동하고

---

3) 김정은시대에 들어와 북한도 아동영화를 만화영화로 부르고 있지만 아직 사전 등에는 반영되지 않아 아동영화라는 용어를 쓴다.

4) 『문학예술대사전』 CD(사회과학원, 2006), 아동영화

간결한 표현 형식과 예리하고 직선적인 과장의 수법을 많이 이용한다. 그림영화를 만드는데 필요한 그림은 1초 동안에 24매씩 찍을 수 있도록 나누어 그려진다. 그러나 24매를 전부 사용하는 경우는 많은 비용이 소요되므로 그 보다는 적은 숫자를 사용한다. 그려진 그림들은 한 장씩 배경 그림과 합성되어 단간촬영법으로 찍힌다. 촬영된 필림은 영화 편집을 거쳐 연달아 움직이는 영상으로 되며 여기에 대사와 음향이 주어져서 완성된다.[5]

북한에서 아동영화의 기본 대상은 인민학교시기까지의 어린이들[6]이지만 어른들도 즐길 수 있는 수준의 아동영화들이 많다. 북한의 아동영화 제작은 조선예술영화촬영소 산하 인형·만화제작단에서 1952년에 제작된 「신기한 복숭아」와 「흥겨운 들판」에서부터 시작된다. 북한의 아동영화는 교육성과 오락성 그리고 예술성 측면에서 높은 완성도를 보여주고 있다. 아동을 대상으로 하고 있어 사상성이 많이 순화되어 검열 없이 국내 상영이 가능한 영화들이 많다. 그럼에도 북한 아동영화는 남한에 비교적 널리 알려져 있지 않으며, 연구 역시 체계적으로 진행되지 않고 있다.

현재 북한 아동영화에 대한 연구로 장미진의 「북한의 '아동영화' 연구」[7], 서정남의 「애니메이션을 통해 본 북한 아동문화의 이해」[8]가 있으며, 김현주의 「북한애니메이션의 특성과 활용에 대한 연구-남북한 문화산업 교류협력을 중심으로」[9], 이대연·김경임의『북한 애니메이

5) 문학예술대사전』CD(사회과학원, 2006), 그림영화.

6) 『조선영화년감』, 1986, 41쪽.

7) 장미진, 『북한의 '아동영화'연구』(한국문화정책개발원, 1995)

8) 서정남, 「애니메이션을 통해 본 북한 아동문화의 이해」, 『통일논총 제 18호』(서울: 숙명여대 통일문제 연구소), 2000. 서정남, 「북한 아동영화에서 전래동화를 재현하는 방식에 관한 연구」, 『영화연구』32(한국영화학회, 2007), 161-197쪽.

9) 김현주, 「북한애니메이션의 특성과 활용에 대한 연구-남북한 문화산업 교류

션』[10], 김은정의 「북한 아동영화의 현황과 애국주의: 『아금랑』을 중심으로」와 「「소년장수」를 통해 본 민족주의의 호출」[11], 전영선의 「북한 아동영화의 창작적 특성과 남북교류 방향」[12] 과 전영선·김영숙의 「북한 아동 교육정책과 아동영화 창작원칙 연구」[13]등이 있다. 장미진의 연구는 북한의 아동영화의 정책과 작품을 장르별로 설명하고 있으며, 서정남의 아동문화의 연구는 북한 아동영화의 역사와 7편의 작품 소개에 그쳐 있으나 전래동화를 재현하는 방식에 관한 연구는 내러티브의 특성 변용양상, 전래동화가 아동영화에서 재현되는 방식 가운데 주제의식을 자세하게 세분화하여 꼼꼼하게 기술하고 있다. 이대연·김경임은 개론의 수준에 머무르고 있다. 그리고 김현주와 전영선의 논문은 남북교류방향에 초점이 맞추어져 있지만 기존의 개론적 접근에 멈춰 있다는 점에서 한계가 있으며 북한아동영화에 대한 연구는 남한에서 아직도 초기단계에 있다고 할 수 있다.

아동영화에 대한 연구가 시작된 지 20여년이 지났음에도 남한에서 북한 아동영화의 연구가 활발하지 않은 까닭은 "먼저 전문 인력의 부재를 들 수 있다. 둘째, 국내에 입수된 아동영화가 많지 않다는 점이다. 장편 시리즈물 3편을 제외하면 현재 국내에 입수된 영화는 1, 000여 편에 불과하다.[14] 셋째, 국내에 입수된 북한 아동영화 중 장편의 수

협력을 중심으로」, 경남대 북한대학원 석사논문, 2004.

10) 이대연· 김경임, 『북한 애니메이션』(경기: 살림출판사, 2005).

11) 김은정, 「북한 아동영화의 현황과 애국주의: 『아금랑』을 중심으로」, 『외국문학연구』30호(서울: 외국문학연구소, 2008.5). 김은정, 「「소년장수」를 통해 본 민족주의의 호출」, 『국제어문』51(국제어문학회, 2010).

12) 전영선, 「북한 아동영화의 창작적 특성과 남북교류방향」, 『문화예술콘텐츠』1호(한국문화예술콘텐츠학회, 2008).

13) 전영선·김영숙의 「북한 아동 교육정책과 아동영화 창작원칙 연구」, 『남북문화예술연구』(남북문화예술학회, 2011.6), 107-129쪽.

14) 현재 통일부 자료센터에 소장되어 있는 자료는 1,000여 편이다. 현재 93부까지 제작되었으나 국내에는 55부까지 소장되어 있는 『소년장수』와 63부까

가 많지 않다는 점 역시 북한 아동영화 연구에 장애로 작용을 한다. 국내에 입수된 단편은 5분에서 15분 이하의 작품이 주를 이루고 있어 한 편만으로는 작품을 분석하는 데 어려움이 있으며, 같은 주제를 찾기도 쉽지 않다는 점도 연구자들이 기피하는 점이다. 넷째, 작품들 중 다수가 녹화자의 비전문성으로 인해 자료적 가치를 상실한 것이 많다. 작품들 중 다수가 엔딩 크레디트 Ending Credit이 삭제되어 있어 제작년도와 영화제작 인력에 대한 정보를 파악할 수 없다. 1970년대와 1960년대 작품은 그 정도가 더욱 심각하다. 우수작임에도 불구하고 『조선영화년감』[15]이나 『조선중앙년감』, 『문학예술년감』에 기록되지 않은 영화들의 제작년도와 제작진의 정보를 확인할 길이 없다. 그림체와 기술력, 연출력 필름상태를 통해 제작년도와 연출가, 미술가 등을 추측할 수밖에 없는데 적은 작품 수로 인해 여기에도 한계가 있다. 이러한 상황은 작가, 감독, 미술, 음악 담당 등에 대한 연구를 차단하고"[16] 있으며 본격적인 텍스트 연구를 지연시키고 있다. 현재 국내에 작품을 통한 북한 아동영화의 장르별 현황과 특성분석, 텍스트 분석에 대한 본격적인 연구가 없는 관계로 이글에서는 북한 아동영화의 현황과 작품분석을 통해 "북한 아동영화"에 대한 이해를 높이고자한다.

북한 최초의 아동영화는 조선예술영화촬영소 산하 인형·만화제작단에서 1952년 제작된 「신기한 복숭아」와 「흥겨운 들판」이다. 북한 아동영화는 "아동영화"라는 명칭에서 알 수 있듯이 남한과 마찬가지로

지 소장되어 있는 『령리한 너구리』 그리고 32부까지 소장되어 있는 『다람이와 고슴도치』를 제외하고 중복된 작품 수를 제외하면 실제 소장 작품 편수는 800여 편에 불과하다.

15) 『조선영화년감』은 국내에 1986년판부터 통일부자료센터에 소장되어 있으며, 1988, 1991, 1994년부터 1999년까지는 소장되어 있지 않다. 『조선영화년감』은 1994년 이후 『조선예술년감』으로 통합되어 발간되고 있다.

16) 김은정, 「북한 아동영화의 현황과 애국주의: 『아금랑』을 중심으로」, 28-29쪽.

그림 1. 조선4.26아동영화촬영소 공훈예술가들

대부분이 아동용으로 분류되고 있다. 『호동왕자와 락랑공주』, 『아금랑』, 『소년장수』같은 청소년은 물론 어른들도 볼 수 있는 애니메이션이 간혹 보이긴 하지만 성인용 애니메이션의 존재에 대해서는 아직 확인 된 바가 없다.

북한의 아동영화는 조선4.26아동영화촬영소에서 대부분 제작된다. 1957년 조선영화촬영소 내에 '만화인형영화연구원'이 조직되었으며, 1960년대 중반 조선영화예술촬영소에서 독립해 '조선아동영화촬영소'가 출범하였으며, 1971년에는 '조선과학영화촬영소'와 통합하여 '조선과학교육영화촬영소'로 확대 개편하였다. 1996년 애니메이션 부문만 분리하여 현재 명칭인 '조선4·26아동영화촬영소'로 개칭하였다. 평양시 보통강구역 대동강변에 위치해 있으며 다른 영화촬영소와 마찬가지로 노동당 중앙위원회 선전선동부에 속해 있는 것으로 알려져 있다.

주요하게 과학교육 내용의 각종 만화영화, 아동 만화영화를 촬영하여 해외에 명성을 날리고 있다. 이 촬영소는 1957년 9월에 설립되였고 영화촬영은 자동화와 전자 계산기화를 실현했다. 첫 아동영화 『금도끼와 쇠도끼』의 제작에서 현재까지 아동영화들을 만들어낸바 대표적인 작품으로는 『소년장수』, 『령리한 너구리』, 『다람이와 고슴도치』 등 수십부짜리 연속 영화들과 『나비와 수탉』, 『우쭐대던 수탉』 등 단편영화들이 있다.

이 촬영소가 제작한 조선아동영화 『날개달린 룡마』(1, 2부), 『령리한 너구리』 제30부, 『너구리의 빈 화분』은 불가리아 와르나 아동영화 축전과 일본 히로시마 아동영화 축전에서 축전상을 받은 바 있다.

이 촬영소는 1985년부터 프랑스, 일본, 폴란드, 이탈리아, 스페인 등 나라와 함께 제작하거나 도급을 맡아 아동만화를 제작하여 좋은 성과를 거두었다. 합작품들로는 『간다하르』, 『삐쁘와 엘리꿀』(1~134부), 『사사왕 씸바』(1~100부), 『포카혼다스』(26부작), 『뉴욕에서의 크리스마스』(26부작) 그리고 장편만화영화인 『타이태니크호의 전설』, 『공룡왕자 라칼』, 『피불헬고 모험기』130집, 『흡혈귀 이을니스트』104집, 『비참한 세계』26집 등이 있다.

조선4.26아동영화촬영소에는 5개 스튜디오와 80여 명의 원화작가

그림 2. 4.26조선영화촬영소에 출근 중인 직원들

그림 3. 4.26 조선영화 촬영소 전경.

그림 4. 컴퓨터 3D 창작단

들이 소속되어 있다. 컴퓨터 3D창작단은 1990년대 말에 생긴 컴퓨터 창작단을 발전시킨 조직으로 2002년 하반기에 설립되었다. 여기에는 컴퓨터 그래픽을 전담하는 130여 명의 전문인력이 배치되어 있는 것으로 알려졌다.

1개 창작단의 규모는 70여명으로 알려져 있다. 영화문학 작가, 촬영, 미술부터 합성, 작곡, 녹음기사 등 1500여 명의 직원이 소속되어 있

그림 5. 색채와 그림을 검토 확인하는 미술 작가들.

그림 6. 색채와 그림을 검토 확인하는 미술 작가들.

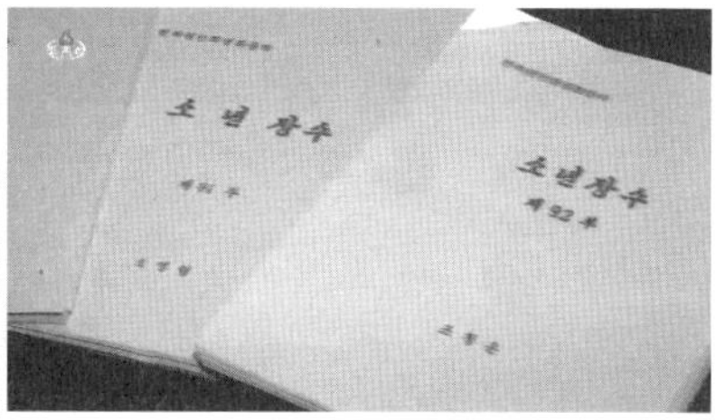

그림 7. 『소년장수』 시나리오

그림 8. 녹음실장 강일부

그림 9. 총장 김수원

으며, 모두 제7창작단으로 구성되어 작업한다. 2018년 기준 촬영소의 총 책임자는 김수원(2018), 부총장은 『소년장수』를 연출했던 김관선(2008~), 량정철, 최만손(2008~), 문학창작단 단장은 김태홍(2008~) 실장은 『다람이와 고슴도치』집 5부터 집필한 김화성이 맡고 있다. 제1창작단의 실장은 윤영일, 제2창작단 단장 겸 지휘자 손영삼, 제4창작단 단장은 박광혁, 제5창작단 단장은 류영덕, 제6창작단 연출실장은 김경후이며, 이외에도 제7창작단의 단장과 실장으로 리순곤, 조명덕,

그림 10. 만화영화 『호동왕자와 락랑공주』

그림 11. 만화영화 『소년 장수』

윤창남, 현창만, 김정훈, 오성남 등이 있다.[17] 지형영화창단 단장은 고병화이다.[18]

북한 아동영화는 크게 그림영화, 인형영화, 지형영화, 컴퓨터 영화 네 종류로 나눌 수 있다. 여기서 컴퓨터 영화는 1999년부터는 동영상

---

17) 제3창작단에 대한 정보는 찾을 수 없었다.

18) 2010-2018년 북한주요기관단체 인명록에는 조선4.26 촬영소 총 책임자 김원수이 리수원으로, 제1 창작단 실장 윤영일이 윤영길로 잘못 표기되어 있다.

그림 12. 만화영화 『다람이와고슴도치』

제작용 소프트웨어인 동화프로그램을 개발하여 컴퓨터 영화를 제작하여 보급[19]하고 있으며 이미 5D로 가고 있다.

첫째, 만화영화 cell Animation로 가장 많은 편수가 셀 애니메이션 기법으로 제작되고 있다. 북한에서는 만화영화를 그림영화라고 부른다. 북한의 만화영화는 1초에 24프레임을 사용하는 풀 애니메이션 기법을 선호하고 있어 동작 연출이 부드럽고 유려한 것이 특징이다. 북한은 아래 인용에서 알 수 있듯이 1985년부터 프랑스, 이탈리아, 스페인, 폴란드, 일본, 미국 등으로부터 OEM으로 일감을 수주하거나 합작하는 등의 일을 해왔다.[20]

2000년에는 지형 및 인형영화 「토끼형제와 승냥이」, 「오누이와 나무꾼」, 「꿀꿀이가 만든 연」을 비롯한 많은 영화를 제작하였으며, 26부작 『sandcan 모래주머니』, 2001년 프랑스에서 개봉한 『child of

19) 촬영소의 오성훈 실장은 2000년 11월 조선중앙 TV에 출연하여 촬영소에서 '앞으로 촬영, 채색, 배경미술, 화면합성, 및 특수효과 처리 과정 등에 컴퓨터 기술을 적극 활용해 나가겠다'고 덧붙였다. 『연합뉴스』 2001.5.23.

20) 『평양타임스』 2000.9.30. 평양 타임즈는 영자 신문이다.

toromiro 토로미로의 아이』, 『narigota 빗방울』와 14부작으로 된 『billy the cat』 등 주문 만화영화들을 제작하였다. 『narigota』는 2001년에 상영된 스페인 애니메이션으로 Germon이라는 사악한 세균에 의한 환경 오염을 피하기 위해서 친구, 증기 구름 및 아이스 큐브와 함께 모험을 하는 같은 이름의 물 한 방울이다. 빗방울로 번역되기도 한다. 『billy the cat』은 벨기에의 스테판 콜맨(Stéphane Colman)과 스티븐 데스 베르크(Stephen Desberg)가 제작 한 벨기에 애니메이션 만화 영화이다. 원작이 만화로 만화와 만화영화 모두 도시 동물의 일상과 비밀스런 삶을 다루고 있다.

세계 여러 나라들과의 주문, 합작은 주체74(1985)년부터 실현하고 있다. 이 촬영소에서 만든 영화들은 어린이들의 미감과 동심에 맞는 다채롭고 새로운 형식과 형상수법, 기교들을 대담하게 적용하여 시청자들의 인기를 끌고 있다. 지금 세계적으로 널리 알려 진 장편만화영화들인 『adventures of pif q hercul 피프 에르큘라의 모험」(130부작), 『bioodsucker ernest』1(104부작) , 르네 날루 René Laloux 감독의 프랑스 애니메이션 1987 「gandahar 간다라」[21] 등도 이 촬영소에서 제작한 것이다. 촬영소에서는 국제 만화영화 시장과 축전들을 통하여 합작과 주문, 기술교류를 적극 장려하고 있다. 촬영소의 제작능력은 방대하다.[22]

세계적으로 인기를 끌었던 디즈니 애니메이션 『라이언 킹』, 『포카혼타스』, 『닌자 거북이』도 하도급 계약 방식으로 북한에서 수주[23]를

---

21) 987년 프랑스의 애니메이션 과학 판타지 영화로 René Laloux가 감독했다. Jean-Pierre Andrevon 의 소설 Les Hommes-machines contre Gandahar (The Machine-Men vs. Gandahar)이 원작이다.

22) 「세계적인 아동영화창작기지 조선4.26아동영화촬영소 가 날로 유명해 지고 있다.」 2001년 11월 22일발 평양 조선중앙통신보도.

23) 이동훈, 「北 만화영화 수준 대단하네… 인기 끌었던 라이온 킹·포카혼타스 수

하고 있으며, 남북합작을 통해 남한에 기술을 제공할 만큼 그 수준이 높다.

남북합작 만화영화로는 2001년 『게으른 딩가』, 프랑스 최대 방송사인 국영 TF1에 수출한 남북합작 만화영화 『뽀롱뽀롱 뽀로로』(2004), 넬슨 신[24]이 감독한 『왕후 심청』(2005), 『새』(2006) 등이 있다. 『왕후 심청』은 광복 60주년을 맞아 남북한이 공동제작된 만화영화로 넬슨 신이 감독 했다. 2005년 11월에 평양(15일)과 서울(12일)에서, 12월에는 뉴욕에서 개봉된바 있다.[25] 『왕후 심청』은 국제만화 애니메이션 페스티벌에서 '대상'을, 프랑스 안시 국제 애니메이션 The Annecy International Animation Film Festival 프로젝트 경쟁부문 페스티벌 '특별상'을 수상하는 등 국내외 수많은 페스티벌에서 작품성과 예술성을 인정받았으며 국제 애니메이션 영화제에 조정되어 호평을 받은 작품이다.

『새』는 6·25전쟁으로 생이별한 부모의 생사를 철새를 이용해 확인했던 조류학자 원병호씨의 실화를 토대로 한 작품이다. 총 제작 기간

그림 13. 인형영화 『잃어버린 1분』 (2003)

주제작」 『국민일보』, 2006.12.6

24) 넬슨 신 감독은 황해도 평산 출신으로, 할리우드에서 "공룡시대", "배트맨", "심슨가족" 등 1천여 편의 애니메이션을 만들었고 에미상을 여덟 번이나 수상했다. 「남북합작 만화영화 '왕후심청' 뉴욕서 개봉」, 『연합뉴스』 2005.12.30.

25) 「남북합작 만화영화 '왕후심청' 뉴욕서 개봉」, 『연합뉴스』 2005.12.30.

은 1년으로 북한에서는 원화, 동화, 3D와 관련된 일부 작업에 3개월가량 참여했다.

둘째, 인형영화 Stop Motion Animation이다. 스톱 모션 애니메이션은 TV 유아용 프로그램에서 종종 소개되기는 하지만 국내에서는 김청기 감독의 『콩쥐와 팥쥐』 이후로 극장 영화로는 제작이 되지 않아서 우리에게 다소 생소한 기법이다.[26]

이 기법은 유럽에서 주로 유행하는 기법으로 제작한 인형을 0.5mm 정도로 조금씩 움직여 가며 촬영을 하는 방식을 취한다. 셀 애니메이션에 비하여 제작기간이나 투입되는 노동력과 노력에 비해 완성도를 높이기가 매우 힘든 작업이다. 그 때문인지 북한 인형영화의 경우 군데군데 인형을 직접 움직이면서 실사로 촬영한 부분이 보인다. 아마도 노동력과 자본을 절감하기 위한 방법이 아닌가 싶다. 이 기법은 제작 가장 편수가 적다.

북한 인형영화의 작품 완성도는 높다고 볼 수 없다.[27] 인형영화의 대표적 작품[28]으로 꼽을 수 있는 『토끼전』, 『두장수』, 『소동은 왜 일어났을까요?』, 『너구리의 겨울 차비』, 『겨떡과 금덩어리』, 『용감한 아동단원』, 『손해 본 너구리』의 경우 서구에 비하여 동작이 딱딱하고 매끄럽지 못하다. 2003년도에 제작된 『잃어버린 1분』의 경우 동작이 많이 부드러워져 있어 이전에 비해 수준이 높아졌지만 아직 세계적인 수준에 이르지 못하고 있다.

---

26) 팀 버튼 감독의 『크리스마스의 악몽』, 『유령 신부』가 이 기법으로 제작된 영화이다.

27) 이것은 인형조종에 배치된 인원수와도 연관이 있는 듯하다. 북한 아동영화의 엔딩 크레딧을 분석한 결과 북한의 인형영화에서 인형조종은 1명이 전담하고 있다.

28) 본고에서 기술된 작품들은 필자가 본 영화 중 연출력과 촬영기법, 구성, 내용 등이 뛰어난 작품을 임의적으로 선정한 것이다.

그러나 70년대에 제작된 『토끼전』, 『겨떡과 금덩어리』, 『소동은 왜 일어났을까요?』에서처럼 장면화의 경우 배경 중 원경은 그림으로 처리하고, 근경은 실제 모형을 사용하는 참신함이 보인다. 그리고 『용감한 아동단원』은 영상이 흑백임을 감안 할 때 70년대 이전 영화로 볼 수 있는데 『용감한 아동단원』의 경우처럼 구성에서 과거를 회상하는 기법으로 스톱모션 애니메이션에서는 잘 쓰이지 않는 플래시 백 Flash Back을 사용하는 등 기법에 대한 실험적인 부분이 이미 보이고 있다. 기법에 대한 실험정신은 북한 인형영화가 지닌 특징으로 볼 수 있다. 그리고 이러한 연출기법은 작품들의 질을 유지 시켜주는 역할을 하고 있다.

북한에서 완성도가 높은 인형영화로 이인철이 연출한 「알라공」을 꼽을 수 있다. 이인철은 14세 때 평양미술대학 신전미술학부 전문부(고등중학교 과정)에 입학하여 8년간의 교육과정을 마친 뒤 다시 평양연극영화대학 영화연출과에 입학하여 93년에 졸업했다. 이인철은 북한에서 인형영화로 주목을 받고 있는 인물이다. 『조선신보』 2001년 10월 1일자에서 그가 다음해인 94년 인형영화 『알라공』으로 두각을 나타내기 시작했으며, 현재 지형영화와 인형영화를 담당하여 제작하고 있다고 기술하고 있다.

셋째, 지형영화 Cutout Animation이다. 지형영화는 종이 인형을 가지고 애니메이션의 효과를 내는 것이다. 지형영화는 본래 유럽이나 미국의 소규모 자본의 제작자들이 만드는 애니메이션에서 간혹 보이는 기법으로 유럽은 물론이고 미국이나 일본을 비롯하여 우리나라에 이르기까지 잘 사용을 하지 않는 기법이다. 그러나 북한에서는 의외로 많은 작품이 이 기법으로 제작이 되고 있다.

『아금랑』 이외의 지형영화의 대표적 작품으로는 『버들그네』, 『금방울과 황소』, 『알을 찾은 물오리』, 『소나무동산의 비상사건』, 『자루 속

그림 14. 지형영화 『아금랑』

그림 15. 지형영화 『소나무동산의 비상사건』

그림 16. 지형영화 『버들그네』

에 든 승냥이』, 『어린 머슴』, 『청개구리 기상대』, 『곱등어를 길들인 소년』[29] 등이 있다.

『버들그네』는 장영환이 영화문학, 연출, 책임미술까지 맡아 1인 3역을 한 작품으로 자주국방의 의지를 보여주는 지형영화이다. 서커스나 군대의 유격훈련을 연상케 하는 빠른 템포의 화면 전개는 지형영화가 갖는 한계를 넘어서고 있다. 『알을 찾은 물오리』는 지형영화로서는 보기 드물게 뛰어난 연출력의 시도가 눈에 띄는 작품이다. 흔히 지형영화들이 이야기 전달에만 치중하고 영상적인 면을 부수적인 도구로 여기는데 반하여 이 작품은 전반적인 기술의 완성도가 매우 높다.

29) 곱등어는 돌고래의 북한식 표현이다.

일례로 알이 없어진 것을 발견한 물오리의 놀라는 모습을 줌인 Zoom In으로 잡아내는가 하면 까마귀가 날아가는 장면에서 원경을 포커스 아웃 Focus Out으로 처리하여 원근감을 주고 있으며, 평면적인 화면 구성에서 탈피하여 입체감을 준 것은 여타 지형영화에서는 찾아보기 힘든 참신한 시도로 셀 애니메이션이 아니더라도 이러한 다양한 표현이 가능함을 증명한 연출력과 촬영이 돋보이는 작품이다.

『자루 속에 든 승냥이』의 경우는 그림에서는 다소 유럽풍의 냄새가 나지만 숲속의 풍경은 서구의 애니메이션에서는 보기 드문 색채들이 사용되고 있다는 점이 특징적이다. 『어린 머슴』은 정치성과 오락성, 예술성을 동시에 획득한 작품으로 민속적인 정취를 풍기고 있다. 『청개구리 기상대』는 비구름이 몰려오는 장면에서 하늘을 표현할 때 셀을 복합적으로 사용한 것으로 보이는 효과와 눈의 표현에서 셀 애니메이션과의 합성을 이용한 부분은 지형영화가 가질 수밖에 없는 단조로운 표현의 한계를 극복하고 있음을 보여준다. 『곱등어를 길들인 소년』은 밤바다의 해면에 비친 달빛의 표현은 그들의 '지형영화'의 기술적인 수준을 짐작할 수 없게 만든다. 그리고 인형영화의 경우와 마찬가지로 직접 인형을 조종하여 실사로 촬영하는 경우가 자주 눈에 띈다.

프랑스에서 제작된 컷 아웃 애니메이션인 『프린스 앤 프린세스』가 아카데미에서 상을 받기도 했지만 그 영화는 인형의 움직임이 거의 없으며, 동작에 있어서도 점프 컷 Jump Cut을 주로 사용하고 있어 북한의 70년대 지형영화 『제굴로 돌아가라』의 수준을 보이고 있다.

전반적으로 북한의 '지형영화'는 스톱 모션 애니메이션이나 셀 애니메이션과 비교해 볼 때 고른 작품의 질을 보여주고 있다. 앞에서 사례를 들어 언급했듯이 기술적인 수준이 상당한 것으로 보인다. 북한에서 지형영화가 많이 제작되고 있는 것은 가장 적은 비용으로도 제작이 가능하고 노동력을 절감할 수 있기 때문인 것 같다. 셀 애니메이션의 경우 1초당 24장이 들어가는 동화를 그리는 것만으로도 엄청난 비용과 노동력을 요구하기 때문에 다작에는 어려움이 있을 것이고, 스톱 모션 애니메이션의 경우에도 긴 제작기간과 엄청난 노동력을 소모하는 기법이기 때문에 다작을 하기에는 무리가 따른다. 반면 지형영화의 경우에는 종이인형을 제작하는 것이 까다롭기[30]는 하지만 비교적 비용이 덜 들고 노동력도 절감이 된다는 이점이 있다. 그렇다 하더라도 지형영화가 보편화되어 있다는 것은 다른 나라의 애니메이션 현황과 견주어 볼 때 매우 차별되는 부분이라고 할 수 있다.

그림 17. 컴퓨터 영화 『불을 찾은 아왕녀』

북한의 컴퓨터 영화에 대한 관심은 1990년대 후반기부터이다. 이 시기 『조선예술』에는 만화영화와 컴퓨터 기술에 대한 기사가 자주 실린다. 『조선예술』, 「영화촬영에 컴퓨터도형기술 리용」(1999.3.5.)은 모션 캡처 motion capture와 물체에 피부를 입히는 공정인 텍스처 맵핑 texture maping 혹은 맵핑, 컴퓨터화상을 필름에 옮기는 데는 필름 레코딩 film recording, 실사화면을 컴퓨터에 읽어 들이는 필름 스캐너 film scanner, 모션 컨트롤 motion control 등과 함께 컴퓨터 화상기술에 대해 자세하게 설명하고 있다. 여기에서는 컴퓨터 화상기술은 컴퓨터 도형기술 Computer Graphics(이하 CG)과 컴퓨터 화상처리 기술로 나뉘며, 컴퓨터 화상처리 기술은 실상화면을 컴퓨터에 입력하여 색, 계조, 세부 등에 대한

30) 지형영화도 동작이 바뀌는 것에 따라 한 캐릭터에도 수십 개의 인형이 필요하다. 특히 『소나무동산의 비상사건』의 경우 캐릭터가 눈을 깜빡이고 『아금랑』의 경우 눈과 입을 움직이는 것을 볼 때 필요에 따라 많게는 1백여 개까지도 인형을 제작해야 한다.

재가공을 진행하는 기술이고 CG기술은 순수 컴퓨터만을 이용하여 프로그램으로 여러 가지 물체의 모양을 만들어내는 기술로 영화제작에서는 순수 CG영상 혹은 실사영상과 CG영상이 합성된 영상이 이용된다. 여기서 특히 중요한 것은 실사영상과 아무런 차이도 없도록 만들고 합성하는 것이다.[31] 「영화촬영에 컴퓨터도형기술 리용」은 컴퓨터영화는 최첨단기술의 산물인 컴퓨터를 리용하여 제작되지만 형상작업이 여러 단계를 거쳐 진행되므로 미술가들도 원도 original 미술가, 모델 model 미술가, 애니메이션 animation 미술가, 맵핑 mapping 미술가, 렌더링rendering 미술가, 합성 compose 미술가로 전문화하여 작업하는 것이 일반적으로 예술적형상이 기본이기 때문에 많은 미술가들이 요구되며, 이밖에 연출가, 필요한 프로그람들을 결합시키거나 만들어내기 위한 전문가들, 장치기술자들이 있어야 한다고 강조하고 있다.

북한의 컴퓨터 영화에 대한 관심은 이례적으로 미국의 디즈니 만화영화에 대한 감탄과 칭찬하는 것에서도 드러난다. 1999년 『조선예술』 제9호에는 「만화영화에 리용된 컴퓨터기술」에는 디즈니 만화영화 『인어공주』, 『미녀와 야수』, 『알라딘』, 『라이온킹』을 컴퓨터 기술로 완성된 애니메이션으로 소개하고 있다.

> 최근에 만화영화들인 <인어공주>, <미인과 야수>, <알라딘>과 같은 인기작들을 련속 내놓아 평판이 자자했던 어느 한 나라의 영화회사에서 32번째로 되는 장편만화영화 <사자왕>을 만들었다. 창작가들은 이 영화에서도 <미인과 야수>에서의 무도장장면과 <알라딘>에서 주인공이 요술주단에 몸을 싣고 무너져내리는 동굴에서 빠져나오는 장면들에서 리용한 컴퓨터기술을 적용하였다. 이번에

31) 「영화촬영에 컴퓨터도형기술 리용」, 『조선예술』 제3호(평양: 문학예술출판사, 1999.3.5), 28쪽.

제작한 <사자왕>을 보면 음모군이 무싸파왕과 그의 아들 씸바를 죽이려고 수천 마리나 되는 들소무리앞에 씸바를 꾀여내는 장면이 있다. 이때 아들을 구원하려고 무싸파왕이 미친 듯이 달리는 소무리속에 뛰여드는데 이 장면이야말로 이 영화에서 가장 볼만한 충격적인 장면이다.

영화는 이 장면을 원경, 근경 할것없이 각이한 각도에서 립체적으로 보여주고 있다. 특히 마구달리는 들소무리장면에 설치한 촬영기로 는 아주 박력있는 장면을 촬영하였는데 그야말로 생동한 이 장면들은 이 영화회사가 자랑하는 컴퓨터기술이 가져다준것이다. 이것은 이 영화회사의 한 만화연출가가 그린 한 마리의 들소 그림을 컴퓨터에 넣어 립체화하는 방법으로 얻어낸것이다. 일단 컴퓨터에 넣어 립체화하는 방법으로 얻어낸것이다. 일단 컴퓨터에 들어간 들소그림은 각이한 각도에서 관찰할 수 있고 또 각이한 동작도 시킬수 있다. 때문에 그러한 자료들을 반복복사하면 한 마리의 들소그림은 수천마리로 불어날뿐아니라 그렇게 불어난 들소들이 각개동작하기 때문에 영상이 매우 실감있게 안겨오는 것이다. 또한 이 영화회사에서는 컴퓨터만화체계를 효과적으로 리용하고 있다. 이것은 손으로 직접 그린 만화와 컴퓨터 만화를 나무랄데 없이 일체화할 수 있는 기술체계이다. <사자왕>의 서두장면을 보면 이 기술체계가 영화에 어떻게 리용되였는가를 알수 있다. 두화면 앞쪽 나뭇가지우로 개미행렬이 보이는데 나뭇가지의 배경은 땅이고 거기에는 희미한 것이 움직이고있다. 땅에 초점이 옮겨지면 지금까지 희미해졌던 것이 선명해지면서 달리는 줄말무리가 보이는 동시에 개미행렬이 지나가는 나뭇가지는 희미해진다. 얼핏 보기에는 즈므렌즈로 촬영한것처럼 보이는 장면이지만 이것은 컴퓨터기술에 의한것이다. 실지 영화촬영이라면 촬영기초점의 이동만으로 얼마든지 손쉽게 처리할 수 있는 장면이지만 이러한 깊은 감을 종래의 만화영화들에서는 주지 못하였다. 때문에 이 작품이 만화영화력사상 처음으로 이 문제를 풀었다고 할 수 있다. 이 영화는 컴퓨터기술을 효과적으로 리용한것으로 하여 종래의 만화영화를 집대성한 작품으로 되였으며 이것은 세계만

화영화계의 이목을 집중시키고있다고 한다.[32)]

위의 인용에서 알 수 있듯이 나라는 밝히지 않았지만 디즈니의 『라이온 킹』의 들소 떼 장면을 '가장 볼만한 충격적인 장면'이라고 소개하고, 줌 Zoom 기법 역시 컴퓨터 처리된 것으로 세계 만화 영화계의 이목을 집중시키고 있다고 이례적으로 소개하고 있는 것을 볼 때 북한이 이 기술 도입에 긍정적이었음을 알 수 있다. 뿐만 아니라 북한은 1995에 제작된 『토이 스토리』에 대해서도 다음과 같이 극찬을 아끼지 않는다.

최근 어느 한 나라에서는 컴퓨터가 만들어 내는 화면에 전적으로 의거하여 구상된 세계최초의 첫장편만화영화 <장난감 이야기>를 만들어 내놓았다. 이 영화는 연출가들이 사용하는 표현수단에서 일대 전환을 이룩한 영화라고 할 수 있다. 이 장편만화영화는 77분짜리로서 현재 나온 만화영화들중에서 가장 긴 컴퓨터화면영화로 된다. 이 장편만화영화에서는 그 어떤 그림이나 장난감 그리고 그 어떤 배경도 촬영한 것이 없다. 왜냐하면 놀라운 일이긴 하지만 촬영기를 단 한 대도 사용하지 않았기 때문이다. 다른 컴퓨터만화영화는 일부 그림영화에 부분적으로 컴퓨터만화를 삽입하였지만 이 영화는 완전히 컴퓨터기술을 리용하여 만들었다. 이 기술적 진보는 모든 창작가들에게 새로운 전망을 열어주고 있다.

컴퓨터만화영화를 만드는 첫 공정은 줄거리를 따라가며 장면 장면을 그려나가는 것으로 시작되는데 이것을 <장면화면>이라고 한다. 그다음 배경의 매 요소는 주인공들과는 관계없이 컴퓨터처리를 하여 립체적으로 나타나게 하였다. 실례로 앤디 어린이방의 가구들을 따로따로 마음대로 움직일수 있게 하였다. 특수프로그람에 의해 배경에 있는 매 물체의 그림자가 그 위치와 받는 빛에 따라 자동적으

32) 「만화영화에 리용된 콤퓨터기술」, 『조선예술』 제9호(평양: 문학예술출판사, 1999.9.5), 56쪽.

로 계산되었다. 다음 단계는 많이 움직이는 주인공들의 모형을 석고로 만드는 것이다. 모형을 만든 다음 그우에 그물을 씌우고 집합점들을 주사하여 컴퓨터에 넣었다. 이렇게 컴퓨터로 처리되고 분할된 화면을 이제는 재생시킬수 있고 마음대로 조작할 수 있게 되었다. 영화회사의 컴퓨터전문가들은 3차원공간에서 움직이는 매 물체의 공간, 표들을 미리 계산해놓았다. 마지막으로 주인공들이 살아움직이게 하는 기본공정에서는 28명의 예술인들이 록음해둔 대사를 들으면서 주인공의 행동과 감정을 그의 말에 정확히 일치시키는 고도로 긴장된 작업을 진행하였다. 이 자료들이 일단 암호화된데 기초하여 주인공들의 동작을 세련시킬수 있었으며 이 동작 파라메터에 의하여 주인공들에게 생기와 감정을 부여할 수 있었다. 장난감들이 나무와 금속, 수지등 각이한 재질로 된것이엿으므로 그 움직이는 방식이 서로 달랐다.

따라서 매 장난감의 고유한 움직임방식을 자세하게 관찰하여 재현시켜야 하였따. 때문에 이장편만화영화를 만드는데 3년이라는 시간이 걸렸던 것이다. 이영화는 장난감들의 형상이 다른 만화 영화들보다 너무도 생동하고 실감있어 세상에 나오자마자 커다란 반향을 불러일으키고 거액의 수입을 거두어들였다. 그러면 이 영화가 세상에 나옴으로써 전통적인 만화영화창작수법이 낡은것이 되겠는가. 이 영화의 창작가들은 그렇게 생각하지는 않고 그저 남보다 한발 앞서려는 기발한 착상으로 보고있다. 그러나 <장난감 이야기>의 활력있는 화면들에 비추어 볼 때 이전시기 만화영화의 <실감있는>장면들은 거의나 촌스럽다고 해야 할 것이다. 어쨌든 관람자대중과 전문가들의 판결은 항소할수 없는 것으로 되었다.[33]

북한이 컴퓨터 영화를 통해 『토이 스토리』처럼 실감 있는 영화를 만든 것은 1998년이다.

4.26아동영화촬영소는 1998년에 최초로 아동영화 「셋째의 착한 마

33) 「컴퓨터 영화기술의 기초」, 『조선예술』 제11호(평양: 문학예술출판사, 1999.11.5), 72쪽.

음」의 일부 장면을 컴퓨터를 이용해 3차원 입체영화로 제작했다고 발표한다. 4.26아동영화촬영소는 2000년부터는 독자적인 애니메이션 제작용 소프트웨어를 개발 활용하고 있는 것으로 알려졌다. 이 중 '초고 동화 프로그램'은 채색 촬영 과정을 컴퓨터화한 것이다. 이 소프트웨어는 애니메이터들이 그린 그림을 스캐너로 입력 받는 촬영단계 입력된 화상을 연출대본에 따라 배열해 촬영표를 만드는 편집단계 촬영표에 기초해 움직이는 화면을 만드는 동화상단계로 구성되어 있다고 한다. 또 촬영소에서는 배경 및 동화의 채색 특수효과를 포함한 편집 화면합성 등도 컴퓨터로 처리하고 있다. 2002년 6월에는 컴퓨터 그래픽을 활용한 애니메이션 「환상 속의 세 동무」가 조선중앙TV에서 방영되었다.[34] 이 작품은 4.26아동영화촬영소에 의해 8개월에 걸쳐 제작된 20분 분량의 첫 컴퓨터 그래픽 애니메이션이다. 아동영화 「환상 속의 세동무」는 소년과학자들이 번개를 잡아 전기로 이용하는 이야기를 담은 환상영화이다. 북한은 이 영화가 '어린이들로 하여금 어려서부터 포부와 희망을 크게 가지고 나라의 번영과 인민의 행복을 위해 큰일을 하고야 말 욕망을 키워나가도록 하는데 적극 기여하였으며, 컴퓨터로 화상처리하여 완성한 첫 인형영화로서 아동영화창작의 컴퓨터화를 전면 실현해 나가는데서 새로운 전진을 이룩한 것으로 하여

그림 18. 모델을 두고 인물을 스케치하는 원화, 동화 작가들

그림 19. 컴퓨터 그래픽 작업을하는 컴퓨터 담당 작가

34) 『1999-2004 남북 애니메이션 교류백서』, (서울: 영화진흥위원회, 2004.12.), 46쪽.

그림 20. 2014년 김정은 조선4.26 영화 촬영소 현지지도 모습.

그림 21. 김일성, 김정일, 김정은 현지지도 기념 표지

그림 22. 김정일 현지지도 기념 표지

큰 의의를 가지는 작품'[35]이라고 평가하고 있다.

아동영화창작의 컴퓨터화의 중심에는 당시 30대였던 김철수 부총장이 있다. 그는 김책공업종합대학을 졸업한지 불과 7년 만에 제작 기술 분야를 책임진 부총장직에 올랐다. 현장기사로 애니메이션 제작에 첫발을 내디딘 뒤 최근 컴퓨터를 활용한 애니메이션 제작기법을 개발하고 촬영설비에 필요한 디지털 장비를 설계 제작하는 등 복잡한 애니메이션 제작과정에 컴퓨터 그래픽을 도입한 장본인[36]이다.

---

35) 조선문학예술년감, 「2002년도 조선영화개관」, (평양: 문학예술출판사, 2003), 177쪽.

36) 『1999-2004 남북 애니메이션 교류백서』, (서울: 영화진흥위원회, 2004.12.), 34쪽.

2. 북한 교육과 아동영화에 대한 창작지침

6월 1일은 국제 아동의 날 International Children's Day이다. 남한이 국제연합아동권리선언이 채택된 해인 1959년 5월 5일을 어린이날로 제정해 기념하는 반면 북한은 사회진영의 어린이날인 국제아동의 날을 기념한다. 그리고 남한과 북한은 아동의 기준이 다르다. 남한에서는 만18세 이하의 청소년까지 아동의 범주에 포함되지만 북한은 「아동권리보장법」에서 아동의 연령을 16세까지로 규정하고 있다. 북한에서 아동의 연령을 16세까지로 규정하는 것은 교육법령 및 사회주의 노동법과 연관이 있다. 현재는 전반적 12년 의무교육제로 개편되었으나 2014년 3월 30일까지 북한은 교육은 11년제 의무교육 제도를 시행하였는데 당시 의무교육이 교육이 종료되는 나이가 16세이다. 그리고 관련 법규도 「사회주의헌법」과 「사회주의노동법」에서 노동 가능 연령을 16세로 규정하고 있으며, 「가족법」에서 여성의 혼인 가능 연령을 17세로 규정하면서 북한의 아동은 6세부터 16세까지의 청소년을 포함한다.

북한의 아동문학이나 아동영화 정책에 대한 지침이 기본적으로 북한의 교육정책과 궤를 같이한다. 북한의 교육 정책은 기본적으로 당대회의 결정에 따르지만 그 결정은 김일성의 교시를 기초로 하고 있다. 이것은 북한의 교육담론 속에서 확인할 수 있는데 교육정책이나 교육의 필요성을 기술할 때 김일성의 교시인 「사회주의 교육에 관한 테제」(1977.9.5)[1]나 김정일의 교시 「교육사업을 더욱 발전시킬데 대하여」(1984.7.22)[2] 등을 반복적으로 인용하면서 교육정책 방향의 당위성을 주장하고 있기 때문이다.[3] 김일성은 조선로동당 중앙위원회 제5기 제14차 전원회의에서 '사회주의 교육에 관한 테제'를 연설하였다.

> 사회주의 교육에서는 사상교양에 기본을 두어야 하며 사람들을 공산주의 사상으로 무장시키는데 주되는 힘을 넣어야 한다. 사회주의 교육의 내용과 방법은 사람들을 혁명화, 로동계급화하기 위한 것으로 이루어져야하며 모든 교육조건과 수단은 사람들의 사상을 개조하는데 복종되여야한다. … 사람의 사상과 지식과 체력은 밀접히 련관되어 있다. 전면적으로 발전된 공산주의적 인간, 자주적이며 창조적인 인간 을 키우기 위한 사회주의교육에서는 사상교양을 위주로 하면서 지식교육과 체육교육 을 통일적 과정으로 다 같이 진행하여야 한다.[4]

---

1) 김일성, 「사회주의 교육에 관한 테제」, 『김일성 저작집』32(평양: 조선로동당출판사, 1986), 372-418쪽.

2) 김정일, 「교육사업을 더욱 발전시킬데 대하여」, 『김정일 저작선집』8(평양: 조선로동당출판사, 2006), 101-130쪽.

3) Eun-Jung Kim, Education System in Democratic People's Republic of Korea, Asian Education Systems, WYDAWNICTWO ADAM MARSZAŁ.EK, 106쪽.

4) 김일성, 「사회주의 교육에 관한 테제」 - 조선로동당 중앙위원회 제 5 기 제 14 차 전원회의에서 발표, 1977년 9월 5일, 『김일성 저작집』32, (평양: 조선로동당 출판사), 1986, 374-375쪽.

위의 인용에 의하면 사회주의 교육의 기본원리는 북한 주민들을 혁명화, 노동계급화, 공산주의화 하는 것이고, 교육목적은 그들을 자주성과 창조성을 가진 공산주의적 혁명적 인재로 키우는 것이다. 즉 북한 사회주의교육의 기본과업은 사람들을 사상적으로 개조하며 그들의 문화수준을 높이는 것에 있다. 이를 실현하기 위해 북한은 첫째 깨우쳐 주는 교육, 둘째 이론과 실천의 결합, 셋째 교육과 생산노동의 결합, 넷째 조직생활과 사회정치활동의 강화, 다섯째 취학전 교육·학교교육·성인교육의 추진[5] 등 다섯 가지의 교육 방법을 제시하고 있다.[6] 이를 통해 북한이 최종적으로 이룩하고자 하는 교육 목표는 '공산주의적 새 인간'을 양성하는 것이다. 즉 혁명화, 노동계급화, 공산주의화를 통해 혁명사상을 무장시키고 깊은 과학지식과 건강한 체력을 가진 인재를 양성하는 것이 이 동 교육의 목표인 것이다. 이러한 목표는 아동영화 창작 지침에서도 확인된다. 국내에 입수된 『조선영화년감』을 1986년부터 1993년까지 검토해 보면 아동영화를 제작하는 데 매해 창작 지침이 하달된 것을 확인할 수 있다. 정치성이 희석되어 남한에서도 편하게 보고 즐길 수 있는 아동영화에 제시된 창작 지침은 매해 창작된 아동영화의 목적과 우수작의 선정기준을 알 수 있게 한다는 점, 어린이 교육의 초점과 변화과정을 알 수 있게 한다는 점에서 주의를 요한다. 『조선영화년감』에 기술된 창작지침을 도표화 하면 다음과 같다.

---

5) 김일성, 위의 책, 390-399쪽.

6) Kim Eun-Jung, Shin Ju-Cheol, Kim Yong-Deog, A Study on North Korea's Education-Centering for Middle School, The New Educational Review, Vol.35, No1, WYDAWNICTWO ADAM MARSZAŁ.EK, 153-154쪽.

<표 1>『조선영화년감』에 실린 아동영화에 대한 창작지침 [7]

년도	창작 지침	성과	대표작
1985	전설과 옛이야기를 비롯한 민족문화유산 계승.	아동의 정서와 심리에 맞는 작품 다수 창작.	**그림영화**『도적을쳐부신소년』,『재미나는이야기』 **지형영화**『여우가 놓은 다리』,『차에서 떨어진 승냥이』
1987	학교에서 배운 지식을 공고히 하는데 이바지하며 공산주의 도덕교양에 도움을 주는 영화 창작.	지식 공고화 주제 작품들이 많이 창작되고, 새로운 시도가 많아짐.	**그림영화**『재간둥이 멍멍이』 **인형영화**『없어진 생일날』,『호박따는날』
1988	사회주의 교육학 원리에 맞는 지덕체 교육에 이바지.	민족제일주의사상과 애국정신, 생활의 경험과 교훈을 통한 체험, 현실에 존재하는 진리의 정당성 등 다양한 주제 내용들을 여러가지 형상수법에서(동화적 형상과 의인화의 수법) 발전을 이룸.	**그림영화**『소년장수』7부 **지형영화**『박새네집』 **인형영화**『누가 1등을 했나』
1989	지덕체를 겸비한 공산주의인간으로 키우는데 적극 이바지.	김일성과 김정일이 들려 준 동화를 아동영화로 옮김으로써 혁명적 재부 마련	『소년장수』,『산삼꽃』,『범을 타고 온 소년』,『토끼와 사자』,『껑충이가 푼 숙제』,『강을 건너온 과일물』,『꿀벌과 등에』
1990	학교에서 배운 지식을 공고히 하는데 이바지하며 공산주의 도덕교양에 도움을 주는 영화 창작.	원화미술의 수준이 한 단계 높아져 지난 시기 원화창작에서 보였던 결함을 극복.	『소년장수』 11-19부,「령리한 너구리」 연속편
1991	우리민족 제일주의 정신, 애국주의, 동물애호, 집단에 대한 사랑에 대한 내용으로 영화 창작.	영화제작자들이 집단의 힘을 발휘하여 든 문제를 해결하면서 영화 제작.	『소년장수』,『범을 타고 온 소년』
1992	지침 기술 안 함.	1992년 5월 23일 문헌에서 제시한『민족과 운명』이 창작 성과에 토대하여 문학 예술의 내용과 형식을 새롭게 탐구함.	**그림영화**『소년장수』26-32부 **인형영화**『소년포수』,『독안에 든 여우』 **지형영화**『유희장에 간 꿀꿀이』,『풍년벌에서 있은일』

* 1993년부터는『조선영화년감』이 폐간되어 발행되지 않고 있다.

---

7) 『소년장수』,『산삼꽃』,『범을 타고 온 소년』,『토끼와 사자』 등 4작품은 김일성과 김정일이 들려 준 동화를 아동영화로 옮긴 것이라고 북한 문학사에서 기술하고 있다.

위의 <표 1>에서 볼 수 있듯이 1992년의 경우 창작지침이 따로 없고 성과에서 "1992년 5월 23일 문헌에서 제시한 『민족과 운명』이 창작성과에 토대하여 문학예술의 내용과 형식을 새롭게 탐구"하였다고 기술하고 있다. 1992년 5월23일 김정일이 문학예술부문 일군 및 창작가, 예술인들과 한 담화 『다부작예술영화 《민족과 운명》의 창작성과에 토대하여 문학예술건설에서 새로운 전환을 일으키자』에서 김정일은 먼저, 문학예술작품이 민족의 운명문제를 해결하는데 적극 이바지하자면 주체의 혁명관과 민족관을 전면적으로 구현하여야하며, 둘째, 창작방법, 창작태도의 구태의연을 버려야 하며, 셋째, 인물을 전형화에서도 지난날의 방식에서 벗어나야 한다고 지적하면서 지난날의 낡은 틀로 대사를 남용하는 것을 비판하고 있다. 넷째, 수령형상과 관련된 영화를 창작할 것, 다섯째, 역사물, 고사물, 반딤물을 창작에 주목할 것, 여섯째, 주체적인 창작지도체계와 창조체계를 환원복구[8]에 대

8) 최근년간 영화예술부문에서는 월미도창작단이요, 무슨 창작단이요 하는 고정창작단을 내오고 창작단별로 독립채산제를 실시한다고 하면서 영화창작사업을 자유경쟁을 하는 식으로 하였습니다. 그러다보니 지난날 품을 들여 세워놓은 주체적인 창작지도체계와 창조체계가 다 헝클어졌습니다. 고정창작단들이 나온 다음부터 영화촬영소 책임일군들이 영화창작사업에 대한 통일적인 지도를 할수 없게 되었을뿐아니라 창작가, 예술인들이 영화의 사상예술성을 높이는데는 관심을 적게 돌리고 편수계획이나 수행하여 실적을 올리는데만 신경을쓰게 되였습니다. 여러개의 고정창작단이 제가끔 울타리를 치고 분산적으로 활동하다보니 영화창작사업에서 본위주의가 조장되고 시기적으로 긴절한 창작과제가 제기되여도 창작력량과 물질기술적수단을 집중적으로 기동성있게 동원하기가 어렵게 되였습니다. 영화창작에서의 이러한 분산성과 본위주의는 결국 영화촬영소안에 혁명적 창작기풍과 생활기풍을 세우는데 저해로 되였습니다. 그래서 지난해에 다부작예술영화 《민족과 운명》을 만들 것을 발기하고 그전에 영화예술부문에 세워놓았던 창작지도체계와 창조체계를 환원복구하여 영화창작에서 일대 혁명적고조를 일으키도록 하였습니다. 예술영화 《민족과 운명》창작집단은 당의 방침을 받들고 영화혁명을 시작하던 때의 그 정신, 그 기백으로 집단주의적창작기풍과 속도전의 원칙을 구현함으로써 한 해도 못되는 사이에 영화를 7부까지 세계적인 걸작으로 만들어 내놓았고 15

한 요구를 하고 있다. 일곱째, 집체적 창작에 집중[9]하여야 한다고 교시하고 있다.

김정일의 교시와 <표 1> 『조선영화년감』에 실린 아동영화의 성과에 대한 평가를 보면 아동영화가 성인을 대상으로 한 예술영화보다 한 발 앞서 매해 김정일이 지적한 문제점을 해결해 나가고 있었음을 알 수 있다.[10] 특히 북한 아동영화에 대한 창작 지침이 예술영화보다 세부적이라는 점은 북한의 아동교육에 대한 지침이 인민지도보다 우선하고 있음을 보여주는 실례라 할 수 있다. 세부적인 지침이라는 측면에서 아동영화가 다른 장르보다 강한 정치성을 띨 수 있는 요인이 되기도 하지만 지침이 아동의 수준을 고려하여 제시되고 있는 점과 예술영화에서 매번 강조하는 주체적 문예방침 관철에 대한 강박적인 요구가 없다는 점은 정치성에서 다른 장르보다 자율성이 보장되는 요인으로 보이며, 구체성은 부족하지만 인민지도의 지침이 연령별, 계급별로 세분화되어 있는 것을 알 수 있다.

부까지의 영화문학과 연출대본을 완성하였으며 50부까지의 영화줄거리를 다 세워놓는 기적을 창조하였습니다. 특히 예술영화 《민족과 운명》제 1~4부까지를 강력한 창작집단을 뭇고 불과 한달동안에 와닥닥 해제꼈습니다. 이것은 영화혁명의 나날에 세워놓은 우리 식 창작지도체계, 창조체계의 위력입니다. 영화예술부문에서 발휘된 혁명적창작기풍은 오늘의 복잡한 정세속에서도 사회주의의 기치를 확고히 고수하고 승리적으로 전진하는 우리 인민의 일본새이며 우리 나라의 혁명적기풍입니다. 예술영화 《민족과 운명》의 창작실천은 주체적인 창작지도체계와 창조체계를 환원복구할데 대한 당의 방침이 매우 정당하다는 것을 뚜렷이 확증하여주고있습니다. 김정일, 『다부작예술영화 《민족과 운명》의 창작성과에 토대하여 문학예술건설에서 새로운 전환을 일으키자』, 『김정일 선집』13, (평양: 조선로동당출판사, 1998), 100-101쪽.

9) 김정일, 위의 책, 61-112쪽.

10) 여섯 번째 요구인 주체적인 창작지도체계와 창조체계를 환원복구에 관련하여 1985년 4월 발족하여 『소년장수』를 제작한 조선과학교육영화촬영소는 1996년 하반기 조선4.26아동영화촬영소로 개편된다. 그러나 1997년 제작된 50부의 촬영소는 조선과학교육영화촬영소로 표기되어 있다.

뿐만 아니라 위의 지침을 보면 첫째, 민족문화유산 계승, 둘째, 학교에서 배운 지식의 공고화와 공산주의 도덕 교양에 이바지, 셋째, 지덕체를 겸비한 공산주의 인간 교육에 이바지 넷째, 우리민족 제일주의 정신, 애국주의, 집단주의 등 크게 네 가지로 나뉜다. 여기에서 민족문화유산 계승, 공산주의 도덕 교양, 우리민족 제일주의 정신·애국주의·집단주의 등 네 가지의 지침은 '공산주의 인간 교육'이라는 최종 목적으로 모아진다는 점에서 북한 아동영화에서 강조하는 것은 배운 지식의 공고화와 공산주의 인간 육성에 있다고 볼 수 있다.

이것은 김일성은 어린이 보육 교양법을 채택하는 기본목적이 "어린이들을 집단적으로, 공산주의적 방법으로 보육 교양함으로써 그들을 모두 다 참다운 공산주의적 인간으로 키우려는데 있다"[11]는 교시와 다르지 않다. 이러한 지침은 전국 아동영화 문학 현상모집 요강에서 찾을 수 있다.

> 친애하는 지도자 김정일동지께서는 다음과 같이 지적하시였다. <대중창작사업을 강화하여 공장과 광산, 농촌 학교들에서 생활하고 있는 광범한 군중을 영화문학 창작사업에 널리 인입하도록 하여야 하겠습니다.> 대중창작사업을 강화할데 대한 당의 방침을 높이 받들고 로동자, 농민, 사무원 등 광범한 근로자들속에서 영화문학창작사업을 활발히 벌리기 위하여 아동영화문학현상모집사업을 다음과 같이 진행한다. 1. 모집하는 영화문학의 주제방향 ㄱ, 지식교양을 내용으로 하는 동화, 우화로 된 영화문학. (여기서 기본은 인민학교학생들을 대상으로하여 학교에서 배운 기초지식을 더욱 공고히 하는데 중심을 둔다.) ㄴ, 계급교양, 사회주의애국주의교양, 공산주의 도덕교양을 내용으로 하는 동화, 우화로 된 영화문

11) 김일성, 「어린이보육교양사업을 더욱 발전시킬데 대하여- 조선민주주의인민공화국 최고인민회의 제5기 제6차회의에서 한 연설」(1976년 4월 29일) 『김일성 저작집』31(평양: 조선로동당출판사, 1986), 84쪽.

학. ㄷ, 과학환상아동영화문학. ※각색작품은 제외한다.[12]

이외에도 북한 아동영화는 예술영화보다는 상상력을 요구하지만 그렇다고 해서 역사적 실재에 벗어나서는 안 된다.

우리의 그림책들과 아동영화들은 적이 죽는것은 많이 그리고 인민군대가 죽는것은 적게 그리였다. 그러다보니 아이들은 인민군대나 항일유격대는 죽지도 않고 부상당하지도 않는다고까지 생각하게 되었다. 우리의 교육자들과 문필가들은 미일제국주의를 반대하는 혁명전쟁의 승리가 얼마나 막대한 희생의 대가로 이루어진것인지 후대들에게 사실주의적으로 똑똑히 가르쳐주지 못하고 있다. 우리는 형언할수 없는 고뇌와 시체로 사닥다리를 쌓으며 항일대전의 승리라는 까마득한 령봉에 올라섰다고 말할 수 있다."[13]

김일성은 아무리 아동을 위한 동화나 아동영화라 할지라도 사실적이지 못하고 허황된 내용은 배격해야한다고 지적하고 있다. 그러나 아동영화를 보면 그의 교시가 100% 수용되고 있지는 않는 것으로 보인다.

특히 북한 아동영화에 대한 창작 지침이 예술영화보다 세부적이라는 점은 북한의 아동교육에 대한 지침이 인민지도보다 우선하고 있음을 보여주는 실례라 할 수 있다. 세부적인 지침이라는 측면에서 아동영화가 다른 장르보다 강한 정치성을 띨 수 있는 요인이 되기도 하지만 지침이 아동의 수준을 고려하여 제시되고 있는 점과 예술영화에

---

12) 조선영화, 「1989-1990년도 전국 아동영화문학 현상모집요강」, 『조선영화』 1호(평양: 문학예술출판사, 1990.1.10), 56쪽. 심사결과와 당선작 발표는 최대의 민족명절인 1991년 4월 15일과 당창건기념일인 1991년 10월 10일을 계기로 출판물과 방송을 통하여 발표한다.

13) 김일성, 『세기와더불어』 3권 (평양, 조선로동당출판사, 1992), 175쪽.

서 매번 강조하는 주체적 문예방침 관철에 대한 강박적인 요구가 없다는 점은 정치성에서 다른 장르보다 자율성이 보장되는 요인으로 보이며, 구체성은 부족하지만 인민지도의 지침이 연령별, 계급별로 세분화되어 있는 것을 알 수 있다. 다만 1992년 이후 『조선영화년감』이 폐간되어 영화에 대한 지침을 『조선예술』과 『조선중앙년감』, 『문학예술년감』에 기술된 것을 참조할 수밖에 없는 상황이다. 그럼에도 아동영화에 있어 2012년에도 불변하지 않는 기조는 <표 1>에서 볼 수 있듯이, 민족주의적인을 창작하고, 사회주의 교육학 원리에 맞게 지덕체를 겸비한 공산주의 인간으로 키우는데 아동영화가 적극 이바지해야한다는 것이다. <표 1>의 시기인 김일성 시대와 차이가 있다면 여기에 과학을 강조하는 김정은 시대에 맞게 강성대국, 지식 탐구와 과학만화영화 창작을 독려하고 있는 점이다. 지식과 과학의 강조는 선군을 강조하던 1994~2011년까지의 김정일 시대와도 다른 점이라 할 수 있다. 『소년장수』, 『고구려의 젊은 무사들』, 『고주몽』 등은 김정은 시대 '민족주의적인을 창작하고, 사회주의 교육학 원리에 맞게 지덕체를 겸비한 공산주의 인간으로 키우는데 아동영화가 적극 이바지해야한다'는 기조 아래 창작된 아동영화이다.

3. 아동영화창작 방법

북한에서 아동영화창작의 기본은 수학, 물리, 화학, 생물과 같은 자연과학지식을 공고히 하는데 필요한 지적 교양주제의 작품을 많이 만드는 것이다. 지적 교양주제 작품은 어린이들에게 지적인 내용과 함께 사상적인 교양도 함께 주입하는 것이 목표이다. 북한 시나리오 작가들이 아동영화를 창작할 때는 다음과 같은 원칙과 방법 하에 진행된다.

첫째, 지적 교양주제 작품창작에서 가장 중요하게 제기되는 것은 지식과 동화적인 형상을 유기적으로 잘 결합시키는 문제이다.

둘째 아동영화는 어린이들의 나이와 심리적 특성에 맞게 여러 가지 흥미 있는 수법으로 그려야한다. 이에 대해 김일성은 다음과 같이 교시하고 있다.

> ……아이들을 가르치는 것도 어디까지나 그들의 나이와 심리적특성에 맞게 하여야 합니다.[1]

---

1) 리철수, 「어린이들의 심리적특성과 아동화창작」, 『조선예술』 제11호(평양: 문학예술출판사, 1999), 67쪽.

아동화 창작에서 어린이들의 연령심리에 맞게 자기의 고유한 조형예술적 특성을 잘 살려야 그 질적 수준을 더욱 높일 수 있다. 그들에 대한 교육교양을 성과적으로 보장할 수 있다는 것과 아동화 창작에서 조형예술성을 높인다는 것은 어린이들의 나이와 심리적 특성에 맞추고, 미술의 여러 가지 표현 수단과 수법, 형상방법을 작품의 내용에 맞게 적용하여 그림의 구성과 구도, 형태와 색채 등을 예술적으로 생동하게 손색없이 처리한다는 것을 의미한다.

아동화를 어린이들의 심리적 특성에 맞게 제작하기 위해서는 동화적인 의인화와 과장, 환상의 수법을 잘 적용하는 것과 아동화에서 동심을 잘 살리기 위해 간결한 이야기로 감정조직[2)]을 하는 것이다.

셋째, 아동영화에서 미술은 아동영화 문학의 종자와 주제, 사상과 인식 교양적 목적에 맞게 영화에 등장하는 대상들에 대한 형태, 성격, 움직임 등을 형상하게 된다. 아동영화 미술에서 동화적인 환상은 본질에 있어서 객관적 현실과 인간적 염원이 예술적으로 반영된 것이다. 아동영화 미술에서 환상적 수법은 기본형상 수법의 하나로서 아동영화 문학 자체의 환상을 조형적 환상으로 그려 냄으로써 어린이들에게 환상의 나래를 더욱 펼치게 한다. 원래 환상이란 비현실적이고 비과학적이며 실현될 수 없는 생활과 인물사건에 대해 예측과 상상, 추리와 공상으로 그려보거나 기대하는 사유형식이다. 그러나 아동 그림영화 미술에서는 이 환상적인 표현을 예술적 형식으로, 형상수법으로 적용하여, 어린이들에게 지능의식을 계발시키며 발전시키기도 한다. 환상은 아동심리의 중요한 속성인 만큼 아동 그림영화 미술의 인식 교양적 역할을 높이는데 환상적 수법이 가지는 의의는 매우 크다.

넷째 아동영화에서 의인화는 기본 형상수단이다. 「놀고먹던 꿀꿀

---

2) 리철수, 위의 책, 67-68쪽.

이」, 「날개 달린 룡마」와 아동 그림영화 『다람이와 고슴도치』 등이 의인화 수법으로 형상된 아동 그림영화 작품들이다. 아동 그림영화 미술에 의해 형상되는 여러 가지 동식물에 대한 의인화가 아동영화 미술의 기본형상 수단이 되는 것은 아동 그림영화를 감상하는 대상이 기본 어린이들이므로 그들의 연령 심리적 특성과 인식정도에 맞게 생활의 본질을 가장 집약화하여 이해하기 쉽게 보여 주기 위해서이다. 동물을 의인화할 때 형상에서 지나치게 동물을 인간화해도 안되고, 지나치게 동물 자체화해도 안되며 동물 자체의 본질적인, 형태적인 특성에 인간적인 특징을 유기적으로 결합하는 원칙에서 형태를 그려 내야 한다. 아동 그림영화 미술에서 의인화대상이 제한되어 있지 않으며 아동 만화영화 미술가들이 창조적으로 어린이들의 동심에 맞게 어떻게 구상하고 표현하는가에 달려 있다.

동식물이나 자연현상 또는 추상적인 개념들에 사람의 특징과 성격을 부여하여 그것들이 사람처럼 생각하고 말하며 행동하게 하는 의인화형상이 어린이들속에서 그토록 흥미를 끄는 것은 무엇때문인가. 그것은 그속에 바로 현실에서 보는 사람들과 똑같은 그들의 생활이 생동하게 반영되여 진실하게 안겨오기때문이다. 그러므로 의인화형상에서 진실성문제는 어린이들에게 대상에 대한 정확한 표상을 주는데서 매우 중요한 문제로 나선다. 의인화형상에서 동물의 생태적특성과 형태의 특징을 진실하게 그리는 것은 아동화창작에서 나서는 선차적이며 필수적인 요구이다. 의인화는 일반회화에서와 같은 형상수법에 의하여 그려지는 것이 아니다. 의인화에서는 어린이들의 년령심리적특성에 맞게 동물의 본질적인 특징들을 집약화하여 비유적으로 그린다. 동물을 의인화할 때 그의 본질적인 특징들을 무시하고 추상적으로 형상한다면 어린이들은 그러한 그림들을 좋아하지 않으며 결국은 교양적목적을 달성할수 없게 한다. 다시말하여 동물의 생태를 외곡하거나 형태의 본질적인 특징을 살려내지 못하고 인격화한 그림들은 무엇을 무엇

게 비겼는지 어린이들이 리해할수 없게 된다.[3]

황정균은 「아동화창작에서 동물의인화형상의 진실성 문제」, 『조선예술』 6호에서 의인화를 할 때 동물의 모습은 그 크기에서 일련의 특징들을 시각적으로 제일 먼저 접하게된다고 지적하고 있다. 동물에 따라 머리에 특징이 노출될 수도 있고 발이나 꼬리, 털의 색깔에서 특징이 나타날 수도 있다. 하지만 동물의 특징은 크기에서 가장 강하게 느껴진다. 그러므로 동물을 의인화할 때 크기의 특징들을 중시하고 정확히 그려주어야 한다. 동물을 의인화하는데서 중요한 것은 또한 의상을 동화적 특성에 맞게 잘 그리는 것이다. 의상에 의하여 동물들의 수컷과 암컷의 차이, 나이의 차이가 표현된다. 이것이 바로 동화의 내용을 보다 흥미 있게 하고 작품의 진실성을 담보해주게 된다. 동물들은 수컷과 암컷, 엄지와 새끼 등 여러 가지 차이를 가지고 있는데 이러한 차이를 어린이들이 시각적으로 느끼게 하기 위해서는 동물에게 의상을 입히는 것이 매우 효과적[4]인 방법이라고 주장하고 있다.

다섯째, 김규창은 「아동 그림영화 미술의 특성」, 『조선예술』 11호에서 아동 그림영화 미술에서 과장의 수법은 사물현상을 그 자체의 모습으로가 아니라 과장과 확대, 축소와 상징과 비유법의 수단을 적용하여 생활의 본질을 간단명료하게 해학적 형상으로 나타낸다고 기술하고 있다. 과장수법은 아동영화 미술형상에서 효과적인 형상수법이다. 이는 사고가 단순하고 인식능력이 약한 어린이들에게 어떤 사물현상의 특징적이며 본질적인 것을 쉽게 인식시킬 수 있기 때문이다. 희화적 형상과 해학적 형상, 풍자적형 상들은 어린이들에게 사물현상

3) 황정균, 「아동화창작에서 동물의인화형상의 진실성 문제」, 『조선예술』 6호(평양: 문학예술출판사, 1995.6.5.), 31쪽.

4) 황정균, 위의 책, 32쪽.

의 본질을 쉽게 납득시키며 형상에 대한 강한 표상을 준다. 해학적 형상은 가벼운 웃음으로 어떤 문제를 비판하는 과장의 한 형태이며 회화적 형상에서 과장의 형태는 아름다운 측면만을 확대과장하면서 부차적인 모든 요소들을 무시해 버리게 된다. 따라서 사실주의적 과장은 진실을 밝히고 강조하는 전형화의 한 수단으로서 사실주의문학예술의 모든 형상창조에 적용되고 있으며 특히 아동 그림영화 미술의 중요한 형상수법이다.[5]

여섯째, 아동영화의 특성에 맞게 인물관계를 구성 조직하여야한다. 이를 위해서는 무엇보다도 인물관계를 단순하게 설정하여야 한다. 이 시기 어린이들의 사고는 극히 단순하고 인식능력도 약하며 주의집중 시간도 매우 짧기 때문에 어린이들의 이러한 연령 심리적 특성을 고려하지 않고 인물관계를 복잡하게 조직하거나 상영시간이 길면 오히려 그들의 인식교양에 역효과를 가져 올 수 있다. 아동영화에서는 등장인물들을 많이 설정하지 않으며 여러 인물이 등장하는 경우에도 주인공을 제외한 다른 인물들은 부차적인 인물로 두는 것을 원칙으로 한다.

일곱째, 아동영화는 어렵고 복잡한 세상 이치를 알기 쉽게 명백히 집중시켜 표현할 수 있어야한다. 어린이들의 특성에 맞게 환상과 과장으로 충만된 동화세계에 아동영화의 독특하고 강한 견인력이 있다. 아동영화는 환상이 풍부한 어린이들의 특성에 맞는 환상세계, 동화세계를 창조하므로 그들에 대한 감화력이 크다. 환상세계를 창조하므로 아동영화는 어렵고 복잡한 세상 이치를 알기 쉽게 명백히 집중시켜 표현할 수 있는 무한한 가능성을 가진다. 그러므로 아동영화 창작에서는 동화세계를 진실하고 생동하게 창조하여 교양적인 내용을 알기

---

5) 김규창, 「아동그림영화미술의 특성」, 『조선예술』 11호(평양: 문학예술출판사, 2000.11.5.), 58-59쪽.

쉽게 보여주는 문제가 근본문제로 제기된다. 동화세계를 진실하고 생동하게 창조하기 위하여 아이들의 시점에서 그들의 정서에 맞는 형상원리와 방법을 탐구 이용해야 한다[6] 것이 북한의 아동영화 창작 방법 가운데 하나이다.

여덟째, 아동영화 문학에서 중요한 것은 어린이의 호기심을 자극하는 견인력 있는 줄거리에 있다. 아동영화 문학의 여러 가지 형상요소들 가운데서도 특히 중요한 것은 극적인 인물관계라고 말하고 있다. 작품에서의 극성은 인물관계와 사건, 성격 등 여러 가지 형상요소가 결합되어 생겨나는 것이지만 기본은 극적인 인물관계이다.

장명희는 이에 대해 「아동영화문학에서 맺어지는 극적인물관계」, 『조선예술』 주체 88 제12호에서 물론 아동소설이나 동화, 우화 문학에서의 인물관계도 극적인 관계가 되어야 하지만 아동영화 문학에서의 이 요구는 더욱 중요하게 제기되며, 아동영화가 행동의 예술로서 소설이나 동화에서처럼 작가의 간섭을 허용하지 않고 오직 화면에 등장한 인물들이 자체로 관계를 맺고 그로 인해 발현되는 인물들의 행동에 의해 이야기를 전진시켜 나가야하기 때문이라고 그 이유를 설명하고 있다. 극중 인물들의 행동을 통하여 이야기를 자체로 전개시켜나갈 수 있으며 그들의 호상관계를 통해 발현되는 강렬한 극성으로 인해 작품의 사상을 더욱 인상 깊게 밝혀 줄 수 있다고 인물관계에 대해 기술하고 있다.

뿐만 아니라 북한은 아동영화에서 어린이들의 흥미에 가장 깊은 인상을 남기는 것이 아동영화 주인공의 얼굴표정과 성격형상이라고 규

6) 김혜숙, 「생활의 리치를 간명하고 알기쉽게 집중시킨 동화세계-그림영화 <도적을 쳐부신 소년>에 대하여」, 『조선영화』 9호(평양: 문학예술출판사, 1990.9.10), 32-34쪽.

정하고 있다.[7] 이러한 규정은 "사람의 모습은 얼굴에서 특징적으로 나타난다. 인체에서 얼굴보다 인간의 외모를 선명하게 특징 지어주는 부분은 없다"는 김정일의 교시에서 비롯된 것이다.

어린이들은 인간의 복잡한 심리상태를 받아들일 수 있는 심리적 구조가 성숙되어 있지 못하기 때문에 미묘한 표정을 그린 얼굴형상은 그리 흥미 있게 보려하지 않는다. 이와 관련하여 김혜숙은 「생활의 리치를 간명하고 알기쉽게 집중시킨 동화세계-그림영화 <도적을 쳐부신 소년>에 대하여」에서 "론리적이며 추상적인 사고력이 약한 아이들은 직관적인 그림을 무엇보다 좋아하며 저들이 리해하기 쉽게 집약되고 과장된 그림들의 움직임을 흥미 있게 보며 그 속에서 교양"[8] 을 받는다고 주장하고 있다.

열째, 북한에서는 아동영화 미술은 아동영화 화면을 형상하는 것으로 그 창작방법과 형상 수법에서는 한 폭의 그림으로 형상되는 일반회화 작품창작과는 근본적으로 다르다고 말한다. 영화 화면은 하나가 아니라 수천수만 개의 화면 흐름을 통하여 화면에 등장하는 인물들이 자기의 연기를 실현하게 한다. 하지만 아동영화 미술은 화면을 통하여 보게 되는 등장인물들의 연기를 그림으로 형상한다. 인물들의 연기를 통하여 생활을 펼쳐 보이는 측면에서는 예술영화와 유사하지만 아동영화에 등장하는 인물들과 의상, 소도구, 환경은 실물이 아니라 그림으로 조형화되어 형상되어 있다. 아동 그림영화에서 형상의 조화도 그림인물들의 연기 움직임 화면을 중심에 놓고 이루어진다. 아동영화는 그림인물들의 움직임을 중심에 놓고 촬영, 대사, 음악과 같은

7) 김명천, 「아동화창작에서 동심과 성격형상」, 『조선예술』(평양: 문학예술출판사, 2000.2), 62쪽.

8) 김혜숙, 「생활의 리치를 간명하고 알기쉽게 집중시킨 동화세계-그림영화 <도적을 쳐부신 소년>에 대하여」, 『조선영화』 9호(평양: 문학예술출판사, 1990.9.10), 33쪽.

형상요소들이 결합되어 아동 그림영화의 조화로운 통일을 이룩한다. 따라서 작가, 연출가를 비롯한 아동 영화 창조에 참가하는 모든 예술가들의 작업 즉, 아동영화 미술에 의한 움직임은 그림화면 형상에서 그 성과를 볼 수 있다.[9]고 생각한다.

이처럼 위의 북한의 아동영화 창작 방법을 정리하면 다음과 같다.

첫째, 지식과 동화적인 형상을 유기적으로 잘 결합해야한다.

둘째, 아동들의 나이와 심리적 특성에 맞게 그려야 한다.

셋째, 환상은 아동심리의 중요한 속성인 만큼 아동 그림영화 미술의 인식 교양적 역할을 높이는데 환상적수법이 가지는 의의는 매우 크다.

넷째, 아동영화에서 의인화는 기본형상수단이다.

다섯째, 사실주의적 과장은 진실을 밝히고 강조하는 전형화의 한 개 수단으로서 사실주의 문학예술의 모든 형상창조에 적용되고 있으며 특히 아동 그림영화 미술의 중요한 형상수법이다.

여섯째, 아동영화의 특성에 맞게 인물관계를 구성 조직하여야한다.

일곱째, 동화세계를 진실하고 생동하게 창조하기 위하여 아이들의 시점에서 그들의 정서에 맞는 형상 원리와 방법을 탐구 이용해야 한다.

여덟째, 아동 영화문학에서 중요한 것은 어린이의 호기심을 자극하고 견인력 있는 줄거리에 있다.

아홉째, 아동영화에서 어린이들의 흥미에 가장 깊은 인상을 남기는 것이 아동영화 주인공의 얼굴표정과 성격형상이다.

열째, 아동영화는 그림인물들의 움직임을 중심에 놓고 촬영, 대사, 음악과 같은 형상요소들이 결합되어 아동영화의 조화로운 통일을 이룩한다.

---

9) 김규창, 「아동그림영화미술의 특성」, 『조선예술』 11호(평양: 문학예술출판사, 2000.11.5), 58-59쪽.

4. 아동문학예술을 바라보는 북한의 관점

북한 아동영화가 세계적인 수준이라는 것은 각종 세계 영화제의 수상을 통해 이미 입증 된 바 있다. 북한 아동영화는 북한이 폐쇄적인 사회라는 선입견을 무색하게 하는 다양한 작품들로 보는 이로 하여금 놀라움을 느끼게 할 만큼 뛰어난 기량을 보여주고 있다.

그럼에도 북한 아동영화에 대한 현지지도나 교시가 매우 드문 것은 이례적이라 할 수 있다. 아동관련 예술부분에 대한 현지지도나 교시를 보기 힘든 이유는 먼저 마르크스-레닌주의에서 주체사상으로 이념의 변화에서 찾을 수 있다. 그나마 50-60년대 『문학신문』이나 『조선문학』에 빈번하게 실리던 아동문학에 대한 지침이나 평론들이 70년대 이후 대폭 감소한다.[1] 아동관련 예술부분에 대한 관심의 축소에 대한 경계는 김정일의 다음 교시에서도 확인된다.

1) 매회 실리던 『문학신문』의 아동문학관련 논평과 기사는 70년대는 1-2년에 1편 정도가 게재되고 있으며, 『조선문학』에는 85년 아동문학 40주년을 기리는 기념으로 아동문학에 대한 글들이 실려 있을 뿐 길게는 7년 짧게는 3-4년 간격으로 1-2편 정도가 게재되고 있다.

> 우리는 아동문학을 절대로 소홀히 하지 말고 아동문학창작사업에 계속 깊은 주의를 돌려야 하겠습니다. 아동문학창작부문 일군들은 위대한 수령님께서 올해초에 하신 교시에 따라 동화, 우화 창작사업을 계속 끌고나가며 아동영화문학과 아동문학작품 창작에 사회적 관심을 돌리도록 하여야 하겠습니다. 아동문학을 발전시키자면 아동문학작가들이 어린이들한테 찾아가는 버릇을 붙여야 합니다. 아동문학작가들은 자기 집 어린이만 볼것이 아니라 다른 어린이들한테도 찾아다니면서 우리 나라 어린이들의 생활을 연구하고 학교에 나가서 협의회도 하고 연구토론회도 하며 경험발표회도 하여야 합니다.[2)]

아동예술 관련에 대한 교시나, 논평의 감소의 원인의 실마리는 문단에서 찾을 수 있다. 아동문학예술의 북한 문단 내에서의 위상과 지면 두 가지 문제로 추측해 볼 수 있다. 먼저 위상의 문제에서 조선작가동맹 산하의 아동분과로 편재되어 있을 당시 아동분과는 문학분과보다 더 많은 인력이 배치되어 창작도 활발했으며, 아동분과가 문학분과보다 인력 면에서 안정적이었던 것으로 보인다.[3)] 그리고 카프문학에서

---

2) 김정일, 「문학예술작품창작에서 혁명적인 전환을 일으킬데 대하여-조선문학예술총동맹산하 창작가들의 사상투쟁회의에서 한 결론」, 1972. 9.6.

3) 당시 조선작가동맹의 아동분과에는 카프계열의 이태준, 송영, 윤복진, 신고송, 엄홍섭과 현덕 등 월북작가들이 배치되어 있었으며, 대부분의 작가들이 일제 강점시기에 동화나 동요, 동시를 창작한 경험이 있었다. 송영, 「쫓겨가신 선생님」, 『어린이』 1928.1, 「새로들어온 야학생」, 『조선아동문학집』, 조선일보사, 1938, : 이태준, 「어린 수문장」, 『어린이』, 1929.1, 「슬퍼하는 나무」, 『어린이』, 1932.7, : 박세영, 「길름뱅이와 소나무」, 『별나라』. 1931. 1, 2 합본호, : 박태원, 「영수증」, 『매일신보』, 1933.11월 1~11일, 「소꿉질」, 『신아동』, 1935.9, : 현덕, 「고무신」, 『동아일보』, 1932, 2월 10 ~11일 등은 위와 같은 동화의 창작 경험이 있었으며, 윤복진, 「바닷가에서」, 『어린이』, 1926.6, 「스무하루 밤」, 『중외일보』, 1929. 5. 29, : 엄홍섭, 「제비」, 『신소년』, 1930.5 등은 동요와 동시 등을 창작한 경험이 있었다. 엄홍섭은 월북 후 아동소설 『별이 빛나는 곳』, 1966을 창작하며, 백석은 사망 시까지 잡지 『아동문학』 사장 겸 편집위원장으로 재직하면서 『문학신문』 등에 편집위원장의 직함으로 글을 발표한다. 그러나 소설의 경우

아동문학이 일반문학과 비슷한 수준에서 창작되었듯이 북한의 아동문학도 계급적 관점에서 작품을 다루고 있어 세계관이 일반소설과 차이가 없었다. 아동의 특성에 맞게 창작해야한다는 방법론만이 예외일 뿐 문학예술의 큰 틀 안에서 따로 교시가 필요했던 것 같지 않다.

지면의 문제는 총서의 출현으로 일반문학에서의 지면을 총서에 내어주게 된 것과 아동문학 잡지가 창간되면서 일반문학과 분리를 통해 전문화를 꾀하게 되어 굳이 일반문학 잡지에 평론을 실을 필요성을 느끼지 못했을 가능성 등 두 가지로 추측해 볼 수 있다.

그러나 이러한 위상의 축소에도 불구하고 북한 아동영화는 북한이 추구하는 후대교양 목표 실현에 있어 매우 중요한 자리를 차지하고 있다. 북한은 아동을 공산주의 후비대로 키우는데 아동관련 예술이 중요한 역할을 한다고 보았다. 북한은 이러한 입장은 아동영화에도 반영된다.

> 아동들의 지적인 발전과 배운 지식 공고화에 필요한 다양한 주제의 아동영화들을 창작함으로써 학생들을 지덕체를 겸비한 공산주의 인간으로 키우는데 있다(…) 어린이들을 지덕체를 갖춘 공산주의 후비대로 키우는데 있다.[4]

위의 인용에서 알 수 있듯이 북한에서 아동용 영화를 제작을 하는 것은 어린이들에게 시각적인 관심을 유도하여 교육적인 효과를 거두기 위한 것으로 볼 수 있다. 북한이 보유하고 있는 예술성과 기술력의

는 이기영, 한설야, 박태원 등 월북작가를 제외하고 북한 작가 중 장편 소설을 쓴 경험이 있는 작가가 천세봉과 황건 등을 비롯해 5명에 불과해 토대구축이 시급했다. 『2차 조선작가대회 문헌집』, 조선작가동맹출판사, 1956, 참조.

4) 『조선영화년감』, 1990, 27쪽, 서정남, 「애니메이션을 통해 본 북한 아문문화의 이해」, 『통일논총』, 숙명여자대학교 통일문제연구소, 제 18호(2002), 재인용, 56쪽.

밑바탕에는 "배운 지식 공고화에 필요한 다양한 주제"의 창조와 "학생들을 지덕체를 겸비한 공산주의 인간"으로 양성하겠다는 기능적 목표에 대한 요구가 용해되어있다.

김일성의 교시에 따른 북한 아동영화에서 보이는 사실주의 원칙의 견지는 어린이들에게 꿈과 희망을 전달하는 판타지로의 작용보다는 아동을 위한 교육용과, 국가이데올로기의 도구로 인식하게 하는 듯하다. 그러나 창작에서 제재로 작용할 수 있는 이 교시는 오히려 작가들에게 내용적인 측면의 다양한 소재 개발, 기술적 발전의 동력이 되고 있다. "지덕체를 겸비한 공산주의 인간", "공산주의 후비대" 육성이라는 지상과제 아래 북한의 '아동영화'가 1952년 이후 다양한 주제 개발과 장르에 대한 시도를 통해 작품성과 기술력을 동시에 구현해내고 있기 때문이다.

북한의 작가들은 아동영화를 정치적 선전물[5]로의 전략이 아니라 우화를 통해 정치적 표현을 순화하거나 모티브를 전통 민담이나 설화에서 차용하여 친숙한 현대적 우화의 재탄생을 선택하고 있으며, 미학 쪽으로 관심을 돌려 영상의 미적 완성도를 높임으로써 '보는 미학'으로 완성하고 있다.

특히 기술적인 측면에서 작가들의 연출가들의 실험정신이 두드러지게 나타나는데 「곱등어를 길들인 소년」과 「알을 찾은 물오리」 같이 독특한 화면분할이라든가 「알을 찾은 물오리」처럼 셀과 종이 인형의 만남이라는 기법은 영화가 창작된 시기를 미루어 짐작했을 때 당시로서는 실험적이라 할 수 있다. 실험정신에서 생성된 예술성은 북한 아동영화의 수준을 한층 높이고 있으며, 축적된 기술적 역량은 북한이 제시한 아동영화의 목표의 구현을 가능하게 해주고 있다. 작가들은 교

5) 1970년대까지는 정치선전물의 양상을 보이는 아동영화가 다수를 차지했다.

시가 주는 제약을 내용과 미적 완성도를 통해 극복함으로써 북한 아동영화의 기량은 최고의 수준에 오를 수 있었다고 할 수 있다.

또한 아동영화에서 미적 심취가 가능했던 것은 북한이 만화로 혁명전통을 형상화할 경우 그 형상은 왜소화되고 진실성을 잃어버릴 수 있다는 이유로 지금까지 혁명전통을 주제로 한 만화영화 제작을 기피해 왔기 때문이다.[6] 이것은 북한이 아동영화에서도 사실주의 원칙을 견지하고는 있으나 애니메이션 장르의 특수성을 이해하고 용인한데서 가능했던 일이라 할 수 있다.

이처럼 북한 아동영화는 역사와 전통 아래 1970년대 후반 이후 다양한 주제로 관심을 옮겨 교육은 물론 과학, 생활, 환상 등 다양한 주제를 통해 예술성과 '지덕체'의 요건을 충족시킨 영화들을 생산해내고 있다.

6) 최근에는 이와 같은 기존의 입장을 벗어나 4·26아동영화촬영소가 만화영화에까지 김정일 일가의 영도업적을 반영한 교육용 만화영화 제작을 위해 준비작업을 하고 있는 것으로 알려져 있지만 이 만화영화는 사상교육 목적이라는 취지는 분명히 하고 있다. http://nk.chosun.com/news

5. 북한 아동영화의 특징과 특성

북한 아동영화의 특성은 먼저 초기 흑백영화에서 찾을 수 있다. 그림체가 현재처럼 북한의 동양화기법에서 비롯된 독특한 화법이 아닌 일본의 그림체와 비슷한 경향을 보이고 있다.[1] 당시의 그림체를 볼 때 북한의 아동영화 감독들의 일본 유학이나 교류가 있었던 것으로 보인다. 80년대에도 감독들의 연출기법이나 그림체에서 일본적 요소나 영향이 보이긴 하지만 감독의 개인적 성향과 관계되기 때문에 전체적인 영향이 보이는 초기 영화와는 다르다고 할 수 있다.[2]

둘째, 1960-1990년대 제작된 작품들을 검토해 보았을 때 나타나는 특징 중 하나가 영화문학과 연출, 책임미술을 동일인이 담당하는 사례가 많다는 것이다. 촬영과 음악은 전문화되어 독자적 영역으로 구축되어 있는 반면, 영화문학과 연출, 책임미술은 동일한 사람이

1) 조선과학교육영화 촬영소 아동영화 제작소, 『철이의 방학숙제』, 흑백, 18분, 년대 미상.

2) 김관웅이 연출한 만화영화 경우 미국의 디즈니의 그림체와 비슷한 경향을 보이고 있다.

영역을 넘나들고 있다. 가장 많은 예가 주로 미술을 담당하다가 연출을 하는 경우이다. 그리고 연출력을 인정받은 작가가 영화문학까지 진출을 하는 예[3]도 종종 눈에 띈다. 그러나 2000년대에 들어와 컴퓨터 그래픽이 강화되면서 연출과 미술 영역의 전문성이 보다 높아지고 있는 추세이다.

셋째, 북한 아동영화에서 주목해야 할 부분은 정치·사상적인 주제를 드러내는 작품들은 의외로 극소수에 불과하다는 점이다. 1970년 초중반의 작품들이 이후 작품들에 비해 오락성보다는 정치성과 교육성에 치중을 하고 있지만 그 정도의 정치사상적인 요소는 다른 나라의 작가들의 경우에도 내재되기 마련인 정도의 수준이다. 몇몇 작품을 제외하고는 여과 없이 국내에서 상영을 해도 될 정도로 과학적인 상식이나 사회규범을 교훈적으로 가르치는 내용이 주를 이루고 있는 아동교육에 유익한 영화들을 제작하고 있다는 점이다.

뿐만 아니라 북한 아동영화는 강력한 호소력과 친화력으로 보는 이의 시선을 사로잡고 있다. 그리고 10-5분 이내라는 짧은 시간 속에서 강한 주제의식을 표출하고 있는데 함축성 역시 북한 아동영화가 지니는 특징으로 볼 수 있다.

특성으로는 북한의 애니메이션은 다양한 색체의 사용으로 단순한 색밖에 사용하지 못하는 애니메이션에 대한 관념을 깨고 있다는 점을 꼽을 수 있다. 북한이 보여주는 색감은 표현의 측면에서 단순화될 수밖에 없는 만화영화의 한계를 뛰어 넘어 정교성과 예술성을 동시에 보여주고 있다. 유려한 색체의 사용은 특히 지형영화에서 두드

3) 김광성은 연출력을 인정받아 영화문학으로 영역을 확대한 대표적인 작가이다. 김준옥(만화영화)과 장영환(지형영화)은 연출을 전담하다 영화 문학까지 영역을 넓힌 인물들이며, 리찬걸 김영철은 미술담당에서 연출가로 발돋움한 예이다.

러지게 나타나는데 이것은 종이 인형이 지닌 장점에서 기인한 것이라 볼 수 있다. 북한 아동영화가 정치성보다 교육성, 예술성, 오락성 등이 강하게 나타남을 볼 때 아동영화를 통한 사상교육보다는 일반 교육에 목적을 둔 것으로 보인다.

II. 만화영화와 연속 만화영화

『령리한 너구리』와 『다람이와 고슴도치』

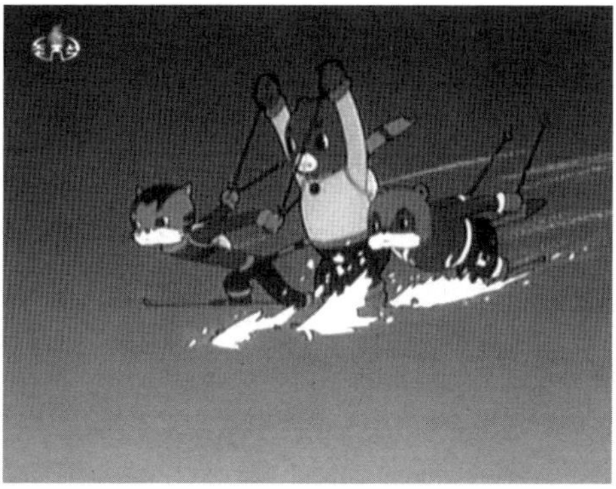

김정일시대에 들어오면서 아동영화에서도 과학기술에 대한 강조가 두드러진다. 이것은 김정일의 논문의 영향으로 보인다. 1994년 7월 8일 김일성의 사망 이후 김정일은 1994년 11월 1일 조선로동당 중앙위원회 기관지 『로동신문』에 「사회주의는 과학이다」를 발표한다.

> 여러 나라에서 사회주의가 좌절당하였지만 과학으로서의 사회주의는 의연히 인민들의 마음속에 살아있다. (…)사람위주의 사회주의, 인민대중중심의 사회주의는 가장 과학적이고 가장 우월하며 가장 위력한 사회주의이다. 사회주의는 그 과학성과 진리성으로 하여 반드시 승리한다.[1]

김일성의 사망에 따른 인민들의 정신적 동요를 무마하고 사회주의에 대한 신념을 갖도록 유도하기 위한 논문이었지만 기술만을 강조했

1) 『로동신문』, 1994.1.1, 1쪽.

던 북한에서 과학기술을 중시하고 강조하는 계기가 된다. 강성대국으로 갈 수 있는 방향성으로 과학기술로 설정하고 슬로건화하기 시작했는데 이것이 아동영화에도 주체과학이라는 이름으로 반영된 것이다. 하지만 김혜숙은 그 기원을 1970년대 중엽으로 소급하고 있다. 김정일이 1974년 11월 6일 문학예술부분 책임일군협의회에서 한 연설 「과학교육영화촬영소의 기본임무에 대하여」에서 김정일이 "1970년대 중엽 온 사회의 주체사상화가 전면에 나서고 있는 현실발전의 새로운 요구에 맞게 과학, 아동영화의 확고한 발전을 이룩하며 그 창작에서 일대 앙양을 일으키기 위하여 역사적인 연설을 했다"[2]고 기술하고 있다. 김혜숙은 이 연설이 당과 혁명이 요구하는 "과학기술적문제들을 통속적으로 반영한 과학영화들과 사회주의 교육학의 원리를 구현한 아동영화들이 수많이 창작되여 나라의 과학기술 발전과 새 세대 교양에 적극 이바지하고있으며, 온 사회의 주체사상화에 적극 이바지하는 과학, 아동영화의 성격과 임무를 정식화하고 그 발전을 위한 강령적지침을 제시한 고전적 노작으로 현실발전의 새로운 요구에 맞게 과학, 아동영화창작사업을 따라세우며 그 발전의 넓은 길을 열어놓은 역사적 문헌"[3]이라고 평가하고 있다.

「과학교육영화촬영소의 기본임무에 대하여」에서 과학영화 창작 원칙은 과학기술 세계를 객관적으로 찍어내는 것으로 그치는 것이 아니라 그의 과학 기술적 원리를 정확하게 보여주어 근로자들이 그것을 체득하고 실천활동에 적극 적용할 수 있게 하는 실천투쟁의 무기로서의 과학영화의 기능을 담보하는 데 있다고 설명한다.

이 지침 아래 북한에서는 과학영화 『무병장수』가 주체적 과학영화

2) 김혜숙, 「주체적인 과학, 아동영화발전의 강령적지침」, 『조선예술』 11호(평양: 문학예술출판사, 2004.11.5.), 10쪽.

3) 김혜숙, 위의 책, 10쪽.

의 본보기로 창조되고 『벼농사에서의 종합적인 기계화』, 『전자계산기』, 『감자농사』, 『다수확콩농사』를 비롯한 100여 편이 넘는 과학상식 영화 등 인민경제 모든 부문, 사회생활의 모든 분야에 걸쳐 제기되는 과학기술적 문제들을 통속적으로 반영한 수많은 과학영화들이 창작[4]된다. 그리고 이를 계기로 지능 아동영화 문학에 대한 고민을 다시 하기 시작한다.

---

4) 김혜숙, 「주체적과학, 아동영화의 앞길을 밝혀주시여」, 『조선예술』 11호(평양: 문학예술출판사, 2005.11.5), 5쪽.

1. 지능형 아동영화 『령리한 너구리』

『령리한 너구리』는 1987년부터 2009년까지 조선 중앙 텔레비전에서 방영된 애니메이션이다. 1980년대 후반에 등장한 이 애니메이션은 북한 애니메이션의 전성기를 열었다고 말할 수 있다. 『령리한 너구리』는 남한에서도 2004년과 2005년 EBS와 SBS를 통해 별도의 더빙 없이 무삭제 방영 되었던 만화영화이다. 너구리, 곰, 야옹이가 주인공으로 등장하는 『령리한 너구리』는 수학, 화학, 물리, 생물 등 과학 지식을 동원해 문제를 해결하고 시합에서 승리하는 것이 주요 내용이다. 북한은 이 작품에 대해 다음과 같이 평가하고 있다.

> 매번 경기마다에서 배운 지식을 쓸모있게 리용하여 언제나 1등을 하는 너구리 그런가 하면 동무를 사랑하고 몸단련도 잘하여 동무들의 사랑를 받는 너구리를 반영한 아동영화 <령리한 너구리>의 련속편들은 어린이교육과 지능교육에 의의있는 문제들을 제기하였다.[5)]

5) 『조선영화년감』, 「1991년도 조선영화개관」(평양:문학예술출판사, 1992), 14쪽.

지능아동영화문학에서 주제는 학생들과 어린이들에 대한 지능교양적과제를 첫 자리에 놓고 설정된다. 과학지식교육과 사상교양을 결합한 아동영화문학에 반영해야 할 지적교육의 과제는 인간이 파악해야 할 주위세계가 끝없이 방대하고 무한한것처럼 매우 다양하다. 너비와 높이, 체적을 구하는 수학의 기초공식으로부터 물리, 화학, 생물학분야의 일반지식들에 이르기까지 학생들과 어린이들의 과학기술지식을 높여 주는데 이바지하여야 할 지적교육의 과제는 헤아릴수 없이 많다. 그러므로 지능아동영화문학의 주제설정에서 중요하게 나서는것은 지적교육의 과제를 학생들과 어린이들이 배우는 교과서의 내용을 중심으로 하면서도 그것을 더욱 공고화하고 실천에 적극 활용해나갈수 있도록 지적능력을 높여 주는데 모를 박고 제기하는 것이다. 그러면서도 주제는 작품의 사상성을 강화하며 인식교양적기능을 높일수 있는 방향에서 설정하여야 한다.[6]

위의 인용문에서 볼 수 있듯 아동영화문학에서 과학지식 교육과 사상교양을 결합한 주제는 학생들과 아동들에 대한 지능 교육적 과제와 사상 교양적 과제가 결합된 주제를 찾았을 때 확정되며, 지능 아동영화 문학에서 주제는 지적 교육의 과제와 사상교양의 과제를 밀접히 결합시켜 설정된다고 말하고 있다. 지능 아동영화 문학의 주제설정에서 특징적인 것은 사회·정치적 문제를 취급하지 않는 것이다.[7] 지능 아동영화로 대표적인 작품이 『령리한 너구리』이다. 아동영화 『령리한 너구리』(제26부) 「불을 끈 너구리」에서는 들쥐에 의하여 새초밭에 불이 일어나 위험에 처하였을 때 너구리가 맞불로 불을 끄는 내용을 통하여 공기 흐름 원리를 보여주고 있다. 작품에서는 공기 흐름 원리에 관한 지식과 함께 불로 불을 끈다고 앵무새처럼 외우다가 오히려 더 큰

6) 김혜숙, 위의 책, 5쪽.

7) 변경희, 「과학지식교육과 사상교양을 결합한 아동영화문학의 주제설정에서 나서는 몇가지 문제」, 『조선예술』 3호(평양: 문학예술출판사, 2006. 3. 5), 51쪽.

불을 놓아 위험에 빠지게 한 곰의 형상을 통해 하나를 알아도 수박겉핥기식으로가 아니라 본질을 파고들어 쓸모 있는 지식으로 만들어야 한다는 뜻 깊은 사상을 안겨주고 있다[8]고 평가하고 있다.

<표 2>『령리한 너구리』 등장인물

<table>
<tr><td></td><td>너구리
주인공. 몸집이크고 배가 나와 매번 경기에서 초반에는 뒤지지만 수학. 물리, 과학을 바탕으로 한 지식으로 상대를 이긴다.</td></tr>
<tr><td></td><td>곰
너구리의 같은 반 친구. 힘이 세지만 단순무식한 성격이다. 너구리의 충고를 무시하고 일을 더 크게 벌이다 너구리에 의해 구조된다.</td></tr>
<tr><td></td><td>야옹이
너구리의 같은 반 친구. 힘으로 승부하는 곰에 비해 그나마 두뇌형이지만 급한 성격으로 곰과 함께 사고를 치는 경우가 많다.</td></tr>
</table>

이 작품은 너구리와 그의 친구들이 여러 가지 과제에 도전하고 이를 극복해나가는 형식으로 옴니버스 구성을 취하고 있다.『령리한 너구리』의 내용은 다음과 같다.

8) 변경희, 위의 책, 52쪽.

<표 3>『령리한 너구리』 내용 1-63부

부	제목	내용
1	스키경기	스키경기를 이야기로 하면서 관성과 가속도의 원리
2	높이재기	높이재기 시합에서 그림자의 비례원리를 이용하여 나무에 올라가지 않고 높이를 잰다.
3	바람개비	연못에 들어가지 않고 부메랑 효과를 이용하여 연꽃을 따온다.
4	후보선수	우주는 행성에 따라서 중력의 차이가 있다는 것을 보여준다.
5	불을 일으킨 얼음	볼록렌즈의 원리를 이용하면 얼음으로도 불을 일으킬 수 있다.
6	장애물경기	더운 공기는 위로 올라간다.
7	순회우승금컵	물질에 따라서 부피도 다르다.
8	지름길	교통질서를 잘 지키자. 안전한 길에 제일 빠른 길이다.
9	축구경기하는 날	물은 기화하면서 주변의 열을 빼앗는다.
10	쫓겨간 호랑이	범골로 간 세 친구들이 원심력의 원리를 응용하여 호랑이한테서 벗어난다.
11	너구리가 준 시계	자석은 시계에 영향을 미친다.
12	잘못 안 시간	경도에 따라서 기준시간이 다르다.
13	부정선수	고래와 물개는 물속에 살아도 물고기가 아니라 동물이다.
14	응당한 봉변	아름다운 숲을 가꾸고 산속의 새들을 사랑하자.
15	결승전	단체경기에서는 개인 기술보다 팀워크가 중요하다.
16	야구경기	작고 약한 짐승이라도 자기 힘을 믿고 지혜를 모으면 강한 상대를 이길 수 있다.
17	휘거경기	수소는 공기보다 가볍다는 원리를 이용하면 수소풍선으로 코끼리를 들어 올릴 수 있다.
18	랭동차안에서	햇빛을 반사하는 거울의 원리를 보여준다.
19	너구리와 거부기	기구를 활용한 거리 측정 방법을 알려준다.
20	새집들이 하는 날	코끼리를 배에 태우고 배가 내려간 물 높이를 표시한 다음 같은 높이가 될 때까지 다른 동물들을 태워서 무게를 잰다.
21	마라손선수	요령이나 꾀를 부리지 않고 꾸준하게 노력하는 것이 중요하다.
22	위험한 장난	자동차에 함부로 올라가서 만지는 위험한 장난을 하면 안된다.
23	바다에서 일어난 소동	두 물체가 빠른 속도로 나란히 달리면 부딪친다.
24	야웅이 생일선물	눈 길에서 썰매를 타면 길이 미끄러워져서 사고가 날 수 있다.
25	무차별급 권투경기	상대방을 잘 알고 대응하면 이길 수 있는 방법도 있다.
26	불을 끈 너구리	지표의 온도와 공기의 흐름의 관계를 이용하여 불을 끈다.
27	유희장에서	친구들과의 약속도 중요하지만 어린 동생들을 돌보는 것이 먼저이다.
28	우주려행길에서	무중력과 원심력의 원리를 알려준다.

부	제목	내용
29	다시 찾은 황금컵	물이 얼면 부피가 커진다.
30	너구리의 빈 화분	언제나 정직해야 한다.
31	하늘에서의 봉변	모르는 것을 함부도 다루어서는 안 된다.
32	노없는 배로	작용과 반작용의 법칙을 알려준다.
33	그림자탓일가?	두 변이 같은 직각삼각형을 이용한 높이 재기를 알려준다.
34	물놀이장에서	대기압과 진공에 대한 과학지식에 대해 알려준다.
35	열대림에서 있은일	열대지역에서는 다른 곳에서 볼 수 없는 특이한 식물들이 있다.
36	위험표식	친구를 의심하지 말라
37	곰의 그림숙제	숙제는 자기가 하자
38	욕심많은 곰	욕심을 부리면 도리어 손해를 보게 된다.
39	남극에서 온 펭긴선수	지구는 위도에 따라서 밤낮의 길이가 다르다.
40	누구의 발자국일가?	면적이 넓으면 높은 압력도 견딜 수 있다.
41	너구리의 과일농사	음악은 과일재배에도 좋다.
42	힘을 겨루는 경기	물의 부력을 이용하면 무거운 물건도 쉽게 들어올릴 수 있다.
43	없어진 어항의 물	어항의 물이 없어져서 붕어들이 죽게 되자 그 원인을 밝히는 추리를 통해 모세관 현상의 원리를 밝힌다.
44	물스키경기 하는 날	액체의 종류에 따라서 비중과 무게는 차이가 있다.
45	너구리가 감춘 남비	벼락이 칠때면 금속물체나 바위 및 나무 아래는 피해야 한다.
46	언사과	얼은 식물을 해동할 때는 뜨거운 물로 해동하지 말고 찬물로 해동해야 한다.
47	렬차안에서	동물들의 체온은 같지 않고, 동물에 따라서 다르다.
48	꿀단지에 비낀 두 모습	이웃이 어려움에 처하면 적극적으로 도와주는 사람이 되어야 한다.
49	바다가에서 있은 일	밀물과 썰물의 원리를 알려준다.
50	야웅이가 받은 꽃다발	단체 생활에서는 개인의 명예보다 집단의 명예가 중요하다.
51	열대섬동산에서 있은 일	물과 기름의 비중 차이를 통해 기름차에 붙은 불을 끈다. 공부는 평소에 열심히 해야지 응용력도 생기므로, 평소에 열심히 공부해야 한다.
52	너구리가 만든 잠망경	늑대와 여우에 의해 구덩이에 빠진 너구리, 곰, 야옹이는 잠망경을 통해 밖의 상황을 확인한 후 구덩이에서 탈출한다.
53	힘겨루기 날에 있은 일	밧줄의 당기는 힘을 이용하여 오토바이로 호수를 건넌다.
54	다시 날린 전파	배가 좌초되자 주전자와 바닷물을 이용해 통신을 하여 구조된다.
55	너구리가 가져온 물	물을 압축시켜 만든 물돌에 대해 알려준다.
56	너구리가 올린 돛	심해 풍력을 이용하여 배를 모는 방법을 알려준다.

부	제목	내용
57	새 려객선에서	천연가스에 대해 알려준다.
58	흰눈동산에서	대기압을 통해 1000미터에 물이 끓는 온도가 3도씩 낮아진다는 것을 통해 산의 높이 잴 수 있음을 알려준다.
59	수림산에서 있은 일	많은 지식을 소유하면 어떤 역경 속에서도 지식의 도움으로 성공할 수 있다는 것을 보여준다.
60	은빛행성에서	은빛 행성으로 축구 구경을 간 너구리가 물체를 회전시키면 자리길이 굽어든다는 원리를 이용하여 경기장으로 떨어지는 운석을 바다로 떨굼으로써 지식을 알면 그 어떤 난관도 타개할 수 있다는 것을 보여준다.
61	너구리가 만든 안경	사격대회를 통해 박쥐가 눈으로 보는 것이 이니라 초음파를 귀로 듣는다는 원리는 이용해 비행기, 로케트 등을 운영한다는 것을 알려준다.
62	누구의 작간일가	사라진 무게를 통해 용수저울은 위치에 따라 맞춰져야한다는 사실을 알려준다.
63	못가에서 있은 일	액체나 기체에 어느 한곳에 가해진 압력은 모든 방향으로 똑같은 크기로 전달되는 파스칼 법칙을 알려준다.

이 작품은 1990년대 초반에는 프랑스, 슬로베니아, 러시아 등에도 수출됐다. 이탈리아에서는 1994년에 『Patatapunfete』라는 제목으로 총 26편이 더빙되어 방영되었다. 이탈리아 버전에서 주인공 동물인 너구리, 곰, 야옹이 등 세 마리의 이름이 'Tata, Punfefe, Pat'이다. 『Patatapunfete』은 등장인물의 이름을 조합한 것으로 보인다.

중동에는 원 제목인 『راكون ذكي 영리한 너구리』"[9]가 아닌 『بودبد الشجاع』제목으로 방영되었다. 아랍어로 'بودبد الشجاع'는 테디 베어를 뜻한다. 아랍에서 제목을 테디 베어로 한 것을 보면 너구리를 곰으로 해석한 것으로 보인다. بودبد은 이란에서는 '용감한'이라는 뜻으로 이란에서는 「용감한 소년」으로 방영되면서 중동권에서는 주인공인 너구리의 의미는 사라져 버렸다.[10]

9) 한국외국어대 아랍어과 교수 윤은경.

10) 한국외국어대 이란어과 곽새라 교수에 의하면 이란에서는 너구리를 영어 어휘 그대로 '러쿤'으로 쓴다고 알려왔다.

그림 9. 너구리, 곰, 야옹이

『령리한 너구리』의 주인공은 너구리와 그의 친구들인 곰과 야옹이이다. 언제나 사건을 만드는 곰은 둔한 성격이며, 새침한 성격의 야옹이와 머리 좋은 너구리는 신중한 성격으로 듬직하게 그려지고 있다.

<표 4> 『령리한 너구리』 제작진

부	제목	영화 문학	연출	책임미술	촬영	상영시간
1	스키경기	김광성	김광성	김용찬	강태영	10분20
2	높이재기	김용권	림홍은	인영욱	리영호	13분29
3	바람개비	김광성	김광성	상영환	강태영	12분40
4	후보선수	정성희	손종권	김영철	고병화	12분59
5	불을 일으킨 얼음	김관선	김관선	김관선	리영호	13분6
6	장애물경기	김광성	김광성	정정희	리영훈	13분35
7	순회우승금컵	김용권	김용찬	김택전	한봉기	14분1
8	지름길	김유경	김광성	정정희	김길남	12분57
9	축구경기하는 날	박태술	김용찬	김택전	강태영	12분45
10	쫓겨간 호랑이	김태홍	김관선	김관선	리영호	13분5
11	너구리가 준 시계	리광영	김용찬	오순남	김길남	12분45
12	잘못 안 시간	차계옥	김관선	오광성	강태영	12분32
13	부정선수	황석환	김순희	오순남	리영호	12분32
14	응당한 봉변	김관선	김용찬	오광성	김길남	12분55
15	결승전	김용찬	김용찬	리주일	강태영	13분6
16	야구경기	리인	리인	오광성	리영호	13분16
17	휘거경기	김광성	김광성	정정희	김길남	12분57
18	랭동차안에서	김광성	김광성	김인선	강태영	13분7

부	제목	영화 문학	연출	책임미술	촬영	상영시간
19	너구리와 거부기	김용권	김광성	오광성	한영철	12분59
20	새집들이 하는 날	김용권	강영환	김인선	리영호	12분27
21	마라손선수	김준옥	김준옥	김준옥	김길남	12분58
22	위험한 장난	김관선	김관선	로민	강태영	12분44
23	바다에서 일어난 소동	김관선	김관선	오광성	조광철	12분50
24	야웅이 생일선물	김태홍	김용찬	오순남, 남원	리영호	12분47
25	무차별급 권투경기	김태모	김용찬	오순남, 리주일	김길남	12분55
26	불을 끈 너구리	최태형	장철수	리영일	한봉기	12분48
27	유희장에서	장철수, 방순용	장철수	김유성, 김경호	리영호	12분23
28	우주려행길에서	김관선	김관선	김유성, 김경호	리영호	12분22
29	다시 찾은 황금컵	김준옥	김준옥	김찬규, 장영철	김길남	13분3
30	너구리의 빈 화분	김준옥	김준옥	백학, 리영일	강태영	12분48
31	하늘에서의 봉변	로순희	장철수	김상익, 김룡혁	리영훈	12분56
32	노없는 배로	리종순	손종권	장영철, 문성	한봉기	12분58
33	그림자탓일가?	김관선	김관선	김유성, 정현철	리영호	12분5
34	물놀이장에서	림창규	장철수	최일찬, 백연희	김제훙	12분6
35	열대림에서 있은일	권명선	김관선	정현철, 김유성	강태영	12분40
36	위험표식	장철수	장철수	김인선, 최일찬	리영호	12분26
37	곰의 그림숙제	김준옥	김준옥	리영일, 장영철	김길남	12분36

부	제목	영화 문학	연출	책임미술	촬영	상영시간
38	욕심많은 곰	오수남	장철수	김광혁	리영훈	12분55
39	남극에서 온 펭긴선수	김주신	김용찬	오순남, 손영삼	한봉기	12분41
40	누구의 발자국일가?	장철수	장철수	김광혁, 김덕영	김제훙	12분
41	너구리의 과일농사	김준옥	김광혁	윤주성, 백학	강태영	13분16
42	힘을 겨루는 경기	김준옥	로민	안춘동, 오성남	리영호	12분48
43	없어진 어항의 물	김관선	김관선	오광성	리영훈	12분42
44	물스키경기 하는 날	장명희	김관선	홍종철, 손철오	김길남	12분57
45	너구리가 감춘 남비	윤현희	장철수	장영철, 류세종	김설남	12분11
46	언사과	김준옥, 신철균	김준옥	백학, 조광철	한봉기	13분38
47	렬차안에서	리정화	김광성	리동철, 김광협	리영훈	13분17
48	꿀단지에 비낀 두 모습	방순용	김준옥	오성철, 김철웅	김순호	14분
49	바다가에서 있은 일	김수화	김준옥	문창일, 김웅호	김길남	13분9
50	야웅이가 받은 꽃다발	김준옥, 김수화	박경수	류세종, 리영일	남경수	12분55
51	열대섬동산에서 있은 일	최인성	김용찬	류세종, 문창일	김제훙	13분48
52	너구리가 만든 잠망경	김준옥, 엄순희	오신혁	김인철, 한철	김순호	13분
53	힘겨루기 날에 있은 일	김용찬	윤영길	홍영남, 박승구		16분16
54	다시 날린 전파	김현철	오신혁	홍영남, 장남파		14분38

부	제목	영화 문학	연출	책임미술	촬영	상영시간
55	너구리가 가져온 물	황두만	오신혁	홍영남, 한철		12분58
56	너구리가 올린 돛	최인성	계훈	리성진, 최유일		12분59
57	새 려객선에서 (군중문학당선작품)	손강호 (군중문학 통신원)	김용찬(공 훈예술가), 리철,	김원일, 조정철		13분52
58	흰눈동산에서	허은경	김혁철	김성준		16분12
59	수림산에서 있은 일	리영춘	계훈	홍영남		15분34
60	은빛행성에서	윤철진	김혁철,	김성춘, 김철		14분30
61	너구리가 만든 안경	김화성	오신혁	김명길, 김충혁		15분2
62	누구의 작간일가	최태형	오신혁	김성준, 김명수		12분58
63	못가에서 있은 일(군중 문학당선작품)	송춘옥 (군중문학 통신원)	김성준	김명길, 림춘일		12분35

위의 <표 4>에서 보이듯 52화부터는 촬영기사가 아닌 합성이 촬영의 자리를 대신한다. 합성은 서정란, 서일영, 한철, 김금철, 홍일남이 전담하고 있다.

2. 정탐물 『다람이와 고슴도치』

북한의 탐정물은 반탐물과 정탐물로 나뉜다. 내부의 간첩, 밀정 등을 적발하는 내용을 소재로 한 문학예술작품을 반탐물이라고 하고, 반면 다른 나라의 비밀정보나 자료를 몰래 알아내는 것과 범죄자들의 기밀을 탐지하는 내용을 다룬 문예작품을 정탐물이라 한다.[1]

북한의 아동영화 『소년장수』, 『호동왕자와 락랑공주』 등에도 정탐이나 반탐의 소재가 나오지만 아동영화에서 본격적인 정탐물은 『다람이와 고슴고치』라 할 수 있다.

『다람이와 고슴고치』는 1977년부터 1982년까지 1~4부까지 제작되었지만 후속편을 더 만들어 달라는 시청자들의 요구가 쇄도해 1997년부터 2005년까지 5~26부를 만들었다. 그러나 속편을 만들어달라는 요구가 있어 2006년에는 52부까지 제작할 계획을 세웠지만 현재 2012년 32부가 제작된 후 33부는 아직 방영되지 않고 있다.

---

1) 김은정, 「북한 추리소설 『네덩이의 얼음』에 나타나 미적용기- 동아시아 일본군 위안부 문제를 중심으로」, 『민족문학사연구』68권, (서울: 민족문학사학회, 2018.12), 403쪽.

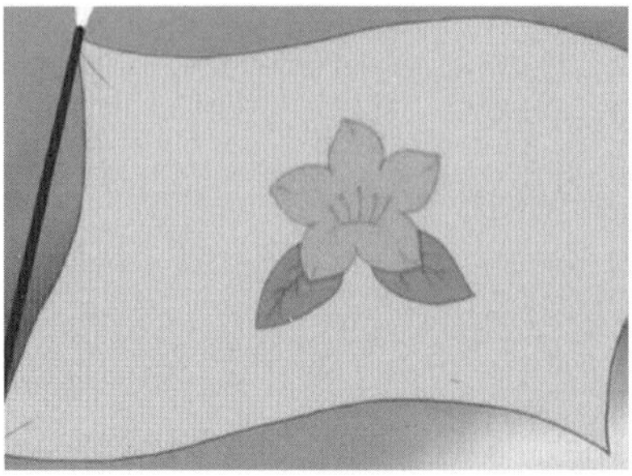

그림 23. [다람이와 고슴도치] 시리즈 첫 장면. 꽃동산 을 상징하는 깃발이다.

『다람이와 고슴고치』가 처음 만들어졌을 때 지금 1부로 알고 있는 작품에 1부라는 자막이 없었다. 이를 보면 이 작품은 원래 시리즈물이 아니었던 것으로 보인다.

2005년 2월 2일에 발간된 재일본 조선인총연합회(총련) 기관지『조선신보』에 따르면, 이 애니메이션은 다람이(다람쥐)와 고슴도치 등이 한편이 되어 꽃동산을 지배하려는 족제비와 쥐 등 '원수'와 싸우는 내용이라고 소개하고 있다. 또한 등장인물들이 동물이긴 하지만, 이들은 군인의 모습을 하고 있어 많은 북한 청소년들에게 선망을 받고 있다고 한다.

<표 5>『다람이와 고슴도치』 주요인물

꽃동산	인물소개
	금색이 꽃동산의 정찰병이자 간첩. 동생인 밤색이와 함께 족제비, 승냥이 군대로부터 꽃동산을 지키는 군인이다. 족제비 군대의 물망초와 필생의 숙적 관계로 물망초의 끈질긴 견제에도 늘 승리하는 꽃동산의 실력자이다. 암호명은 방울꽃이다.
	밤색이. 2부부터 새로 등장한 주인공. 금색이의 어린 동생이다. 두더지 박사의 조수였으나, 두더지 박사가 적들에게 납치당하는 사건을 계기로 정찰병이 된다. 소년병이다.

	줄다람이. 금색이의 전우로 같은 부대에서 꽃동산을 호시탐탐노리는 족제비 군대에 맞서 싸운다. 금색이와 늘 함께 정찰병, 간첩 역할을 수행한다. 족제비 군대를 파멸시키기 위해 족제비 군대의 부관으로 임관되어 큰 활약을 펼치기도 한다.
	고슴도치 정찰병. 고슴도치이며, 족제비 군단의 비밀병기 얼음포를 파괴한 뒤, 자신도 얼음포와 함께 자폭한다.
	은도치. 밤색이의 친구로 전사한 고슴도치 정찰병의 동생이다.
	고슴도치 부대장.
	두더지 박사. 꽃동산의 땅속 지형을 연구하는 박사이며 밤색이를 조수로 두고 있다.

<table>
<tr><td></td><td>물오리 수색대. 수색과 구조 및 전투기, 수송기 역할도 한다. 옷차림으로 볼 때 해병대 소속으로 보인다.</td></tr>
<tr><td></td><td>물오리. 밤색이의 동료. 다른 이름이 없이 그냥 물오리라고 불린다. 밤색이, 은도치와 마찬가지로 소년병. 침투, 구조, 수송, 전투 등 전천후로 활약한다.</td></tr>
<tr><th>족제비 부대</th><th>인물소개</th></tr>
<tr><td></td><td>족제비 대장. 고민을 할 때 팔짱을 끼고 거니는 것이 특징이다. 족제비 군대의 우두머리. 매우 교활하고 전략적인 인물로 그려진다. 꽃동산을 공격해 주민들을 노예로 삼으려 하나 스파이인 금색이의 방해로 늘 실패한다. 결국 1부의 마지막화인 26화에서 자신이 개발한 독버섯탄을 족제비 군대에 떨어뜨리고 스스로 공중에서 폭사하고 만다.</td></tr>
<tr><td></td><td>물망초. 족제비 수색대장의 참모로 머리도 좋고 격술에 능하다. 족제비 대장을 도와 꽃동산을 정복하려 하지만 족제비 군대의 패망으로 실패한다. 하지만 물망초는 끈질기게 살아남아 승냥이 군대로 옮겨 꽃동산을 계속 공격한다. 뛰어난 능력은 없지만 끈질긴 근성과 교활함으로 다람이를 괴롭힌다. 안경이 없으면 총 쏘기가 버거울 정도로 약점이 많은 악당이다. 금색이와의 전투에서 꼬리를 잃고 만다.</td></tr>
<tr><td></td><td>외귀팔이. 한쪽 귀가 없는 들쥐로 물망초의 수하이다. 겉으로는 물망초를 잘 따르는 척 하지만 속으로는 엄청난 반감을 가지고 있다.</td></tr>
<tr><td></td><td>물사조. 물망초를 따르는 부하였다. 14화에서 물오리 정찰병과 함께 폭사한다.</td></tr>
</table>

<table>
<tr><td></td><td>검은 족제비.</td></tr>
<tr><td></td><td>흰족제비 박사. 족제비 대장의 숨겨진 심복으로, 족제비 군단의 비밀병기인 철갑상어의 개발자이자 철갑상어 기지의 책임자. 이름처럼 온 몸의 털이 하얗게 세어있으며, 긴 수염을 기르고 있다. 철갑상어와 철까마귀는 그가 만든 무인 로봇 병기이다.</td></tr>
</table>

승냥이 부대	인물소개
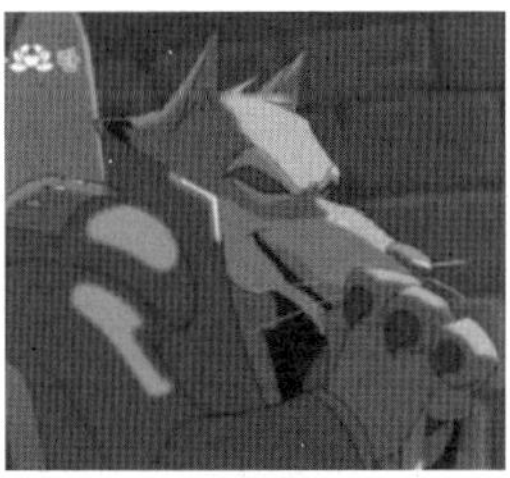	26화부터 등장하는 악당으로 승냥이 군대의 우두머리. 족제비 보좌관, 여우 장교 등과 함께 꽃동산을 정복하기 위해 계략을 세우고 있다.
	승냥이 대장의 부관으로 대장의 비서 역할을 한다.
	족제비 보좌관

『다람이와 고슴도치』 줄거리는 다음과 같다.

<표 6> 『다람이와 고슴도치』 줄거리 : 다람이와 고슴도치 1-32부

부	제목	줄거리
1	다람이가 찾은 교훈	금색이를 비롯한 다람쥐들은 닭들이 족제비 무리의 습격을 받는 모습을 보고 굴을 파려다가 이웃마을의 곰이 큰 소리를 치는 걸 믿고 방어시설 건설을 포기하고 밤만 거둬들여 풍년잔치를 벌인다. 그런데 족제비들이 습격해왔을 때 곰이 술에 취하는 바람에 다람쥐 마을은 쑥대밭이 되고 금색이는 족제비들에게 잡힌다. 길에서 이웃마을의 고슴도치와 물오리들의 도움을 받아 탈출한 금색이는 자신을 뉘우치고 꽃동산을 지키는 길에 나선다.
2	족제비네 소굴에서	고슴도치, 다람쥐, 물오리들은 꽃동산을 지키는 연합부대를 만든다. 족제비가 다람쥐와 비슷한 큰 들쥐를 꽃동산에 파견하나 잡힌다. 줄다람이가 큰 들쥐로 변장하고 고슴도치 정찰병과 함께 족제비들의 소굴에 들어가 "두더지작전" 비밀을 알아낸다. 줄다람이는 정보를 알아내고 꽃동산에 전하기 위해 무전기를 찾으러 가다가 그만 족제비무리의 수색대장에게 잡힌다.
3	다람이의 복수전	줄다람이는 고슴도치의 도움을 받아 위험에서 벗어난다. 그러나 족제비와 들쥐들의 추격을 받게 되니 부상당한 고슴도치를 부대로 돌려보내고 자신은 적진에 남는다. 줄다람이로부터 받은 정보에 기초하여 다람이와 고슴도치, 물오리부대는 족제비 소굴을 타격한다. 줄다람이는 족제비 대장을 옥천 강물에 빠뜨린 다음 부대로 돌아온다.
4	정찰병 금색다람이	옥천강 전투에서 참패한 족제비무리는 돌박산으로 간다. 그들은 참모장의 지휘아래 박쥐굴에서 "특수작전"을 꾸민다. 이듬해 겨울에 금색이와 줄다람이는 패잔병으로 가장하고 족제비 참모장부대에 침투한다. 금색이는 목숨을 건지고 독버섯골에 숨어있는 족제비참모장의 음모를 이용하여 족제비 대장의 생명의 은인이 되여 신임을 얻은 후 경비소대장으로 임명된다.
5	끝나지 않은 싸움	꽃동산에서는 다른 동산들과 함께 화목을 도모하는 꽃동산축전을 벌인다. 외진 섬으로 쫓겨 가 오랫동안 숨어 있던 족제비 대장이 축전에 참가시켜달라고 청한다. 적진에서 경호대장으로 일하는 금색이는 족제비 대장이 새로운 음모를 꾸미는 걸 알고 싸움은 이제부터 시작이라고 여긴다.
6	금색이가 날린 전파	정찰병 금색는 특공대원 들쥐 6호를 추격해 그와 특공대일당이 축전을 파괴하려는 음모를 알아내나 자신은 위험에 빠진다. 힘들게 탈출한 그는 비행기를 탈취해 드디어 전파를 보낸다. 들쥐 6호가 가짜 족제비 대장을 죽여 꽃동산에 누명을 씌우려하지만 발각된다.
7	독거미굴의 비밀	들쥐 6호가 체포되어 음모가 파탄나니 족제비 대장은 화병으로 쓰러진다. 이 기회를 이용해 참모장에게 붙은 독거미굴의 무리들이 대장을 죽이려 한다. 금색이는 고슴도치 정찰병의 도움을 받아 적들이 서로 싸우도록 한다.

부	제목	줄거리
8	돌산으로 날아간 특사	족제비 대장의 목숨을 구해 그의 특사자격으로 돌산에 들어간 금색이는 꽃동산을 노리는 특수무기의 비밀을 알아낸다.
9	고슴도치의 위훈	고슴도치 정찰병은 돌산에서 맹활약하다가 특수무기를 하늘로 날려 보낸다.
10	돌산에서의 격전	물망초에 의해 신분이 드러난 금색이는 참모장-돌산대장에게 잡힌다. 그는 그곳에서 꽃동산에 박힌 "독가시"라는 간첩망이 있음을 알게 된다. 돌산대장 부대에 잠복해 두더지포연대장이 된 줄다람이의 지원을 받아 도피한 그는 적들의 비밀을 알아내기 위해 돌산대장을 생포한다.
11	검은 열쇠	돌산대장을 잡아온 공로로 족제비 대장의 특별보좌관이 된 금색이는 돌산대장이 물망초의 습격으로 죽는 바람에 꽃동산에 박혀있는 간첩망의 비밀을 알아내기 어려워진다. 금색이는 돌산대장이 갖고 있던 열쇠를 지니고 돌산의 별장으로 떠난다.
12	위험한 적수	금색이는 비밀문건을 탈취하기 위해 외눈특무대장을 비롯한 위험한 적수들과 치렬한 싸움을 벌인다.
13	비밀문건	금색이가 족제비 대장의 명령으로 박쥐섬에 가게 되는데, 독수리부대에 가서 숨어있던 외눈특무대장이 독수리들을 보내여 습격하는 바람에 위험에 빠진다. 그는 두더지 포연대장 줄다람이와 물오리의 도움으로 위험에서 벗어나고 비밀문건을 무전으로 본부에 전한다.
14	적후에서의 한 순간	줄다람이는 일시적인 성공에 도취하여 경각심을 푸는 바람에 연락을 왔던 물오리가 물망초 등에게 잡힌다. 줄다람이가 급히 구하러 오나 물오리는 수류탄을 터뜨리고 적들와 함께 자폭한다. 이에 줄다람이는 큰 교훈을 얻게 된다.
15	흰눈작전	족제비 대장은 외눈특무대장을 토끼동산에 보내 내부간첩과 접선해 비밀정보를 가져오게 하면서, 줄다람이도 가서 감시하게 한다. 줄다람이는 정보를 갖고 달아나는 특무대장을 총으로 쏴 죽인 다음 자기의 팔에 총을 쏘아 상처를 입히고 다시 적굴로 간다.
16	흰눈작전은 계속된다	물망초와 외귀파리에게 납치되어 위험에 처했던 줄다람이는 금색이에게 구출된다.
17	《방울꽃》은 보고한다	무서운 위력을 가진 특수포탄 발사기지가 새우섬에 있다는 것을 알아낸 줄다람이(암호명 방울꽃)는 한 몸의 위험을 무릅쓰고 본부에 연락한다.
18	파도를 헤치고	줄다람이는 돌섬에서 검은 족제비의 흉계를 간파하여 물망초와 외귀파리를 사로잡는다. 그리고 물오리들의 도움을 받아 적수들을 물리치고 포로들을 족제비 대장에게로 끌고 간다.
19	무서운 음모	족제비 대장은 줄다람이를 믿고 검은 족제비와 물망초, 외귀파리를 총살하지만 그것은 연극에 불과했다. 그는 검은 족제비 등을 특공대와 함께 꽃동산에 들여보내 레이더 기지를 파괴시키려 한다. 금색이는 뒤늦게 비밀을 발견하고 본부에 보고한다.

부	제목	줄거리
20	밤하늘에 울린 폭음	정찰병 물오리는 게사니로 가장해 검은 족제비 일행 속에 들어가 활동하다가 적들의 음모를 알아내고 한 몸을 바쳐 기지를 지켜낸다.
21	원쑤는 살아있다	꽃동산을 습격하는 작전이 실패하여 화병이 나서 병원에 입원한 족제비 대장은 검은 족제비 등에 의해 납치된다. 족제비 대장의 비밀무기인 철갑상어를 알아내기 위해 금색이와 줄다람이는 족제비 대장을 구한다.
22	보석 목걸이를 찾아서	철갑상어 기지로 들어가기 위해서는 보석 목걸이가 필요하다는 사실을 알고 금색이는 보석목걸이를 찾기 위해 적진에 침투한다. 목걸이를 찾은 그는 고문관을 속이기 위해 물망초로 위장하여 족제비 대장에게 가지만 물망초에 의해 발각되어 적진에 홀로 남겨진다.
23	철갑상어 기지에서	보석목걸이를 찾은 줄다람이는 족제비 대장과 철갑상어 기지로 들어간다. 흰 족제비 박사로부터 꽃동산에 침투할 철갑상어 계획을 알게 된다. 고문관은 물망초에게 철갑상어 조종체계를 훔쳐 오라 명령한다. 흰 족제비 박사에 대한 취미를 들은 줄다람이는 그를 도발하여 내기를 한다. 줄다람이는 물망초에 의해 흰 족제비에게 정체가 탄로나지만 흰 족제비가 죽고 손에 넣은 조종체계를 물망초에게 빼긴다.
24	위험을 맞받아	검은 족제비는 족제비 대장에게 목숨을 구걸하고 족제비 대장은 꽃동산을 공격할 계획을 세운다. 금색이는 총공격 안에 대항할 수 있는 공격 안을 세운다. 꽃동산 공격전 족제비 대장은 금색이를 제거할 계획을 세우고 그는 줄다람이 일행에게 구조된다.
25	벼락작전	금색이는 물망초에 의해 절벽 밑으로 떨어지고. 금색이가 주겠다는 소문이 퍼진다. 금색이의 작전안으로 꽃동산을 침공하려하고, 족제비 대장은 별장으로 검은족제비와 물망초를 초대해 협조를 구한다. 벼락작전의 수행을 검은 족제비에게 맡긴다. 벼락작전을 간파한 줄다람이는 고슴도치 부대장에게 이 사실을 알리고 검은 족제비를 추적하여 철갑상어기지를 폭파시킨다.
26	불길 속의 방울꽃	족제비 대장은 철갑상어 기지가 폭파되자 철수하는척 하면서 독버섯 탄을 사용할 계획을 세운다. 살아남은 금색이는 족제비 대장의 음모를 알아내 제비에게 호출된 각 부대의 대장들을 죽인다. 발사지에서 교전 중 꽃동산 특공대의 습격을 받아 독버섯탄을 자신들의 군단에 떨구는 바람에 족제비 군단은 거의 궤멸된다. 족제비 대장은 제트팩을 타고 달아나려 했으나, 연료통에 총을 맞는 바람에 공중에서 폭사한다.
27	올가미작전	겨우 살아남은 물망초와 부하들은 승냥이들에게 구조되고, 승냥이들은 꽃동산을 침공할 계획을 세운다. 금색이의 동생 밤색이는 두더지 박사의 조수로 일한다. 밤색이는 조심하라는 형의 충고를 무시하고, 토끼로 변장해 접근한 물망초에 속아 두더지박사가 눈앞에서 납치당하는 것을 본다. 밤색이를 구하려던 줄다람이는 그 대신 총을 맞는다.

부	제목	줄거리
28	두더지박사의 비밀문건	꽃동산과 승냥이는 두더지 박사의 비밀문건을 찾으려하고, 밤색이는 정찰병이 되기 군에 입대한다. 밤색이는 금색이와 훈련을 하다. 물망초와 마주치며 위험에 빠지자 밤색이를 탈출시키고, 물망초를 유인한다. 밤색이는 물오리와 함께 탈출하다 두더지박사의 가방을 찾지만 승냥이군단에게 붙잡힌다.
29	흰족제비 소굴에서	밤색이는 흰 족제비 소굴에서 고문을 당하고, 분견대장 흰 족제비는 특별보좌관인 금색이가 밤색이 물오리와 한패일거라고 생각하고 함정에 빠뜨리지만 음모에 넘어가지 않는다. 물망초는 트렁크를 찾기 위해 흰 족제비 소굴로 온다. 물망초를 꽃동산에서 보낸 첩자로 아는 흰 족제비는 그를 가둔다. 금색이는 두더지 자료를 바꿔치기를 한다. 분견대장 흰 족제비는 권총에 도청기를 설치하여 금색이에게 주고, 물망초는 두더지 자료를 훔쳐 도망친다. 금색이는 바꾼 두더지 박사의 자료를 밤색이와 물오리에 주고 그들을 탈출시킨다.
30	원쑤를 맞받아	고슴도치 부대장은 흰 족제비 섬에 특수무기가 있다는 사실과 승냥이 대장에게로 가겠다는 금색이의 무전으로 받는다. 흰 족제비는 승냥이 부대와 연합을 하려하고, 금색이는 흰 족제비 부하들과 흰 족제비를 이간한다. 흰 족제비는 신형무기인 철가마귀를 금색이에게 보여주며 철가마귀로 승냥이 부대와 연합을 하기 위해 연락관으로 가줄 것을 요청한다. 밤색이와 물오리는 정찰임무를 자원한다.
31	승냥이의 소굴에로	금색이는 두더지 박사를 구출하고 철가마귀를 파괴하기 위해 승냥이 소굴로 들어간다. 승냥이 대장은 금색이와 물망초 가운데 꽃동산 정찰병을 가려내기 위해 금색이에게 두더지 박사를 쏘게 한다. 물망초는 꽃동산 정찰병으로 의심 받는다. 승냥이 대장의 의심을 풀기 위해 금색이는 두더지를 대장에게 데려가 신임을 얻는다.
32	원쑤들은 간악하다	물망초는 금색이를 죽이려다 붙잡히고, 금색이는 도움을 중 정찰병이 온다는 소식에 기뻐한다. 밤색이 물오리 두더지 정찰병은 두더지 박사 구출에 실패하고, 승냥이는 그들을 독가스로 죽이려한다.

『다람이와 고슴고치』는 1부~26부까지는 족제비와 꽃동산(다람이, 고슴도치, 물오리 등)의 전투를 27부~32부까지는 꽃동산을 침략하려는 승냥이부대와 꽃동산의 두뇌싸움을 그리고 있다. 이 작품은 원래 1부는 농촌을 배경으로 하고 있고, 다람쥐들은 농민의 모습으로 묘사된다. 줄다람쥐의 각성 후 줄다람이가 들쥐로 변장하여 적의 소굴에 침투하면서 정찰병들의 무훈담이 이 작품의 골자를 이룬다. 2부부터는 꽃동산을 지키기 위해 고슴도치, 다람쥐, 물오리들이 연합부대를

구성하고, 농촌으로 묘사되었던 주변환경과 작전실 등이 모두 현대화 된다. 전선도 강을 사이 두고 족제비 및 그 졸개들인 들쥐, 까마귀들과 싸웠지만, 바다와 섬까지 확대 되면서 무기도 개량을 거듭하고 있다. 무기의 변화는 3단계의 변화를 거치는데 이것은 1-4부(1977~ 1982), 5~26부(1997~2005), 27-32부(2006~현재) 등 크게 3단계를 거치면서 녹음기, 사진기, 무전기, 무선전화기, 오토바이, 승용차, 비행기, 보트, 군함, 자동총, 레이저 권총, 비밀 두더지포, 대포, 탱크, 미사일 등 무기의 개량과 신식화가 된다. 27부부터는 SF 로봇 만화를 연상하게 하는 철까마귀 부대나, 고래 잠수함 지휘부, 철갑상어기지 등 특수무기들이 등장하여 호기심과 상상력을 자극한다. 이러한 특수 무기를 제거하거나 특수무기의 비밀을 알내기 위해 26부 이후는 철까마귀 즉 테크롤로지를 먼저 차지하기 위한 치열한 첩보전을 주 내용으로 하고 있다.

그림 24. 작전회의 둥인 꽃동산친구들

『다람이와 고슴도치』는 제목이 무색하게도 9부에서 정찰병 고슴도치가 전사한 다음 27부까지 그를 이을 고슴도치 정찰병 등장하지 않아 다람쥐 금색이 혼자 정찰임무를 수행한다. 연합부대에서 고슴도치부대장의 지위가 제일 높아 보일 뿐, 고슴도치들의 역할이 없다. 이것은 이 작품이 노출하는 한계이다.

8부와 15부에서 정찰참모 고슴도치가 나오지만 그들의 외형이 비슷하고 이름도 없어 고슴도치부대장과 정찰참모의 구분이 힘들며, 은도치는 군복과 은빛 털색으로 다른 고슴도치들과 구별이 가능하다. 27

그림 25. 부상당한 금색이를 등에 태우고 탈출시키는 물오리

부 이후 금색이의 동생 밤색이와 고슴도치 정찰병의 동생인 은도치, 소년 물오리가 한조로 적진에 침투되지만 소년병이라 금색이에게 도움을 주기는커녕 언제나 구출을 받아야하는 입장에 처한다. 오히려 날 수 있어 운반과 탈출, 그리고 이동에 용이하다는 점에서 물오리들의 활약이 더 돋보인다.

이러한 한계는 영화문학이 김준옥에서 김화성과 리영춘으로 교체된 후 드러나는데 이 두 작가는 줄다람이 금색이의 활약상에만 집중을 하였던 것으로 보인다. 이후 최인성으로 작가가 교체된 후 다람이와 고슴도치, 물오리의 동생들인 소년병들이 정찰병으로 등장하기 시작하면서 균형감이 살아나고 있다.

국내 포털사이트의 인터넷 백과에는 『다람이와 고슴도치』에 대한 아래와 같은 분석이 떠돌고 있다. 네이버 지식백과에 『다람이와 고슴도치』를 소개하는 글을 쓴 채희상은 "첫 번째 시리즈가 족제비 군대를 남한에 비유한다면, 두 번째 시리즈는 승냥이 군대를 미국에 비유하고 있다. 족제비 군대가 미국을 상징하는 승냥이 군대로 대체된 것이다. 이러한 주적의 변화는 한국을 미국의 보호 아래에 놓여 있는 종속국가로 간주하는 북한의 관점이 반영된 것으로 이해할 수 있다."[2] 고 분석하고 있는데 이것은 북한의 아동영화가 정치성이 강할 것이라는 선입견에서 기인한 주관적인 평가이다.

『자주시보』 2010년 1월16일자 「아동영화는 아동영화다- 북 만화영화 '다람이와 고슴도치'」에 의하면 당시 조상철(67) 예술담당 부총장은 "일부 사람들이 이 작품이 현재의 조·미 대결전을 간접적으로 형상한 것이 아니냐고 말하는데 결코 그런 것은 아니다"며 어린이들에게 사랑을 가르치는 작품이라고 거듭 강조했다. 그는 이어 "줄거리를 간편하게 하면서도 내용은 심도 있게, 연령의 심리적 특성에 맞게 환상적 요소를 더 많이 도입하는데 주력하고 있다"며 이를 위해 소학교 학생들로부터 다양한 의견을 청취할 계획이라고 말했다. 『다람이와 고슴도치』의 시나리오 작가 김화성은 작품이 큰 인기를 끄는 비결과 관련, "만나는 사람마다 한결같이 자신보다 먼저 남을 위해주는 주인공들의 아름다운 모습에 눈물이 난다고 말했다"며 "남을 위해 자기를 아낄 줄 모르는(희생하는) 우리 나라의 현실이 그대로 반영되고 있기 때문"[3]이라고 분석했다.

『다람이와 고슴도치』에서 환상수법이 자주 쓰이는데 북한 아동영화에서 환상적 수법이란 오늘은 그것이 실현될 수 없는 것이라도 앞으로는 실현될 수 있는 것, 오늘도 내일도 실현될 수 없고 또 현실에서는 전혀 찾아 볼 수 없는 것이라도 인민의 지향과 염원에 맞고 그렇게 되기를 바라는 것을 실지 사실처럼 형상을 꾸미는 수법을 말한다. 북한에서는 아동만화영화 『다람이와 고슴도치』에서 절벽과 절벽사이로

---

2) 채희상, 「네이버 지식백과 다람이와 고슴도치」(세계 애니메이션 백과, 한울엠플러스(주)) 검색일 2019.1.26. https://terms.naver.com/entry.nhn?docId=3534929&cid=58544&categoryId=58544.

3) 아동영화는 아동영화다- 북 만화영화 '다람이와 고슴도치'」, 『자주시보』, 『자주시보』, 2010.1.16.

까마귀 무리들이 서로 부둥켜 줄 지어 다리를 놓고 그 위로 고슴도치가 차를 몰고 달리는 장면은 그야말로 현실적으로나 앞으로도 그렇게 될 수 없는 것을 환상적으로 형상하여 고슴도치의 용맹성과 반면에 적으로 형상된 까마귀 무리들의 교활성을 더욱 부각시켜 어린이들의 기억 속에 오래도록 여운이 남도록 보여주고 있는 장면으로 꼽고 있다. 아동영화 미술에서 환상수법은 철저히 진실에 기초한 사실주의적 환상으로 형상된다. 김규창은 「아동그림영화미술의 특성」에서 '사실주의적 환상은 생활 속에 진리가 밝혀 있는 그런 환상으로서 지나온 인간의 진실한 체험이 반영되며 또 앞으로의 체험으로 반영된다. 어떤 환상은 전혀 현실적 기초로 전망이 없는 것도 있지만 그 어떤 환상일지라도 그 속에 노동계급의 생활적 지향, 순진한 어린이들의 정의로운 낭만적 지향이 반영되어 있으면 사실주의와 모순되지 않는다.'[4]고 지적하고 있다.

『다람이와 고슴도치』는 특히 동물들의 의인화를 통해 동물들의 특징과 습성을 잘 전달하고 있는데 여기서 역할이 가장 두드러지는 인물들이 물오리이다. 물오리의 경우 해군인 동시에 물오리는 자신의 특성을 이용하여 폭격기, 수송기의 역할을 하면서 공중과 육상, 물속에서 전천후로 활약한다. 물오리들의 역할이 크지 않지만 그들의 활약상을 보는 것도 이 만화영화의 재미 중의 하나이다.

『다람이와 고슴도치』에는 북한의 아동 영화의 기술적 발전을 그대로 보여주는 작품이다. 아직 미완이기에 북한의 아동영화 제작 기술의 발전과 변화를 한눈에 보여줄 수 있는 작품으로 자리매김 할 것으로 보인다.

4) 김규창, 「아동그림영화미술의 특성」, 『조선예술』 11호(평양: 문학예술출판사, 2000.11.5.), 59쪽.

<표 7>『다람이와 고슴도치』 제작진

부	제목	영화 문학	연출	책임미술/ 컴퓨터합성	촬영	상영시간
1	다람이가 찾은 교훈[15]	?	?	?	?	20분14
2	족제비네 소굴에서	김준옥	김준옥	김준옥, 장인택, 김택진	고병화, 리영호	2분47
3	다람이의 복수전	김준옥	김준옥	김준옥, 장인택, 김택진	고병화, 리영호	18분33
4	정찰병 금색다람이	김준옥	김준옥	김준옥, 인영옥	리찬걸	28분42
5	끝나지 않은 싸움	김화성, 리영춘	김광성 (공훈예술가)	김종철, 김경수	리철남	21분15
6	금색이가 날린 전파	김화성, 리영춘	김영철	김인철, 정동철	한영철	18분43
7	독거미굴의 비밀	김화성, 리영춘	김영철, 김광성	윤영길, 김경수	한영철, 리철남	20분57
8	돌산으로 날아간 특사	김화성, 리영춘	김영철	윤영길, 김경수	한영철	20분59
9	고슴도치의 위훈	김화성, 리영춘	김영철	윤영길, 김경수	한영철	20분36
10	돌산에서의 격전	김화성, 리영춘	김영철	리창일, 김경수	한철, 곽철준	21분20
11	검은 열쇠	김화성, 리영춘	김영철	리창일, 김경수	한영철	21분49
12	위험한 적수	김화성, 리영춘	김영철	리창일, 정동철	한영철	20분39
13	비밀문건	김화성, 리영춘	도철, 김영철	우승혁, 제훈	한영철	20분42
14	적후에서의 한 순간	김화성, 리영춘	김광성	리철석, 정동철	한영철	19분55
15	흰눈작전	김화성, 리영춘	김광성, 도철	리철석, 김경수	한영철	20분50
16	흰눈작전은 계속된다	김화성, 리영춘	도철, 김영철	리철석, 장남파	김명섭	20분48

5) 1부에는 엔딩 크레디트 ending credit 없어 참여인원의 명단을 확인할 수가 없다.

부	제목	영화 문학	연출	책임미술/ 컴퓨터합성	촬영	상영시간
17	《방울꽃》은 보고한다	김화성, 리영춘	김영철	리철석, 장남파	한영철	25분7
18	파도를 헤치고	김화성	오신혁	윤영길, 정동철	김길남	21분2
19	무서운 음모	리영춘	김영철, 윤영길	리문철, 정남파	한영철	20분13
20	밤하늘에 울린 폭음	김화성, 리영춘	김영철, 리석훈	우승혁, 리흥남	한영철	21분
21	원쑤는 살아있다	김화성, 리영춘	오신혁	우승혁/ 김형룡	김길남	23분58
22	보석 목걸이를 찾아서	김화성, 리영춘	윤영길	홍영남, 김명수/ 서승명	김영철	20분38
23	철갑상어 기지에서	김화성, 리영춘	윤영길	홍영남, 정공철/ 리은희, 한성국	리영훈	20분38
24	위험을 맞받아	김화성, 리영춘	오신혁, 계훈	리창일, 장남파/ 리은희, 박철웅		20분26
25	벼락작전	김화성, 리영춘	윤영길	홍영남, 정동철/ 리은희		22분46
26	불길 속의 방울꽃	리영춘, 김화성	오신혁	조정철, 장남파, 홍영남/ 홍철일		26분39
27	올가미작전	최인성	오신혁	김명길/ 박철진, 박향미		21분26
28	두더지박사의 비밀문건	김화성	오신혁	성운남외/ 김광현		23분2
29	흰족제비 소굴에서	김화성	오신혁	김원일외/ 박철진, 김광현		23분31

부	제목	영화 문학	연출	책임미술/ 컴퓨터합성	촬영	상영시간
30	원쑤를 맞받아	최인성	리철	김명길외/ 홍일남, 박철진		18분2
31	승냥이의 소굴에로	최인성	리철	김명길외/ 홍일남		23분37
32	원쑤들은 간악하다	최인성	리철	김명길외/ 홍일남		23분43

그림 26.『다람이와 고슴도치』 성우들

III. 북한 애국주의: 지형영화 『아금랑』을 중심으로

1. 『아금랑』의 제작진과 등장인물

지형영화 『아금랑』은 애국주의가 잘 드러나 있는 애니메이션이다. 북한 아동영화에서 보이는 애국주의는 북한 아동 교육의 방향성의 한 면을 잘 드러내 주고 있는 점에서 주목할 만하다. 애국주의가 북한 아동영화의 일반적인 원리는 아니겠지만 현재 국내에 입수된 영화들이 애국주의로 귀결되기 때문에, 내러티브가 강하고 예술적 완성도가 높으며 독립적인 텍스트로 분석이 가능한 『아금랑』을 텍스트로 선택하였다.

애국주의의 정수를 보여주는 작품으로 남한에도 알려진 『소년 장수』가 있으나 이 작품은 90부가 넘는 대작 시리즈물로 고구려 역사에 대한 이해가 필요하고 영화문학 작가와 감독 등이 시리즈마다 다른 집체창작물이라는 점에서 본격적이고 심도 있는 연구가 필요한 작품이다. 따라서 본 논문의 목적이 작품에 나타난 북한식 애국주의를 통해 종국적으로 보여주고자 하는 것이 무엇인지를 검토하는데 목적이 있음으로 애국주의를 집약적으로 보여주고 있는 『아금랑』이 분석에 적합하다고 판단하였다.

이 장에서 살펴볼 아동영화 『아금랑』은 조선과학교육영화촬영소[1] 아동영화창작단에서 1985년에 제작한 40분짜리 지형영화이다. 이 영화의 제작진들은 80-90년대 북한 아동영화에서 자주 접할 수 있는 이름들이다.

<표 8> 아금랑 제작진

영화문학	연출	책임미술	촬영	작곡	조종	대사	연주	상영시간
김용권	류충웅 김순희	김연수	강기권 리영호	홍수일	리준기 류숙영	국립 연극단	영화 및 방송 음악단	39분 5

『아금랑』의 영화문학을 담당한 김용권은 『령리한 너구리』시리즈 중 「높이 재기」와 「순회 우승컵」, 『소년장수』시리즈 중 6부-10부, 12부, 14부, 15부의 영화문학을 담당했다. 김용권은 전반적으로 정치사상적인 요소를 노골적으로 표현하기보다는 어린이들 정서에 맞게 구현해내는 데 능숙한 작가이다. 소재를 남성적인 것에서 많이 취하고 있는 것이 눈에 띄는데 이것은 김용권뿐 아니라 북한 아동영화의 전반적인

1) 이 영화가 창작된 당시 조선과학교육영화촬영소는 과학 분야와 아동분야로 분리되어 있었다.

현상이기도 하다. 김용권은 연출은 하지 않고 영화문학만을 전담하는 것으로 보아 문학을 전공한 것으로 보인다. 짙은 호소력과 함축적이고, 깔끔한 대사의 구성은 이 작가의 특징이라 할 수 있다.

『아금랑』의 감독 류충웅은 지형영화 『소나무 동산의 비상사건』, 『아금랑』, 『꾀있는 개미』의 1부와 3부를 연출했다. 대부분 지형영화는 어둡고 모노톤에 가까운 거친 색조를 사용하여 정적인 분위기를 창출하는 것이 일반적이다. 그런데 류충웅은 지형영화의 일반화를 깨고 오히려 만화영화가 할 수 없는 다양하고 회화적인 색채를 사용하여 지형영화인지 만화영화인지 구분하기조차 어렵게 만든다. 그가 연출한 『소나무 동산의 비상사건』은 일본 만화영화에서 볼 수 있는 9등신의 곤충들이 요염한 자태를 뽐내며 나온다. 색깔 역시 원색 톤이 강하고 화려하다. 움직임이 단조로울 수밖에 없는 지형영화의 단점을 최소화하고 장점을 최대화하는 것으로 보아 매체에 대한 이해가 매우 높은 인물로 보인다.

류충웅의 『아금랑』은 『소나무 동산의 비상사건』과 비교했을 때 전혀 다른 색감을 보이고 있다. 『소나무 동산의 비상사건』이 색조 면에서의 화려한 원색을 사용하고 있으며, 서구영화의 느낌을 주는 반면 『아금랑』의 색조나 인물은 차분한 동양적 정서에 기대고 있다.

그는 주로 애국주의적인 작품을 연출하는데 일가견을 보이고 있는 인물이다. 그의 작품은 피가 튀고 사람이 다치는 등의 전투 장면의 묘사를 여과 없이 연출되고 있어 다소 폭력성이 노출되기도 한다. 이러한 폭력성은 아동작가로서는 생각해 볼 문제이기는 하지만 현재 남한에 방영되고 있는 일본 애니메이션과 비교했을 때 우려할 수준은 아니다.

<표 9>『아금랑』 주요인물

	아금랑 주인공으로 외적의 침략을 막아내기 위해 자명종을 만드는 아버지를 돕기 위해 은비녀를 바치고 불돌을 구하러 산으로 간다.
	사로주 아금랑과 모량아의 아버지. 종의 명이이다. 자명종을 만들어 나라를 지키자고 건의하고 실행을 하는 인물이다.
	이사달 아금랑 동네 아저씨. 사로주가 자명종을 만들 수 있도록 마을을 돌며 쇠를 모은다.
	모량아 아금랑 남동생.외세의 침입에 대비해 무술 연마에 힘쓴다.
	간자 고구려는 호시탐탐 넘보는 북방의 간자. 쇠끓이는 물에 찬돌을 넣어 쇳물을 굳게 하여 자명종 만드는 것을 방해한다.
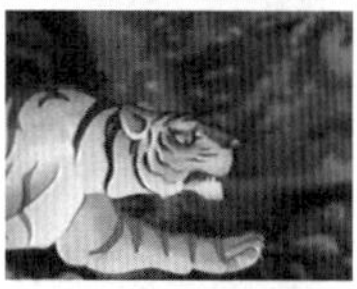	호랑이 불돌산을 지키는 영물. 아금랑의 애국심에 감복한고 불산까지 아금랑을 데려다주고 아금랑을 구하려다 죽는다.
	군장 변방의 적의 침략에 자명종을 만들라고 명한다.

그림 27. 자명종 회의

그림 28. 전쟁에서 승리한 후 자명종을 부여안고 눈물을 흘리는 사로주.

지형영화 『아금랑』은 시대적 배경을 고구려로 하고 있으며 여자 아이를 주인공으로 하고 있다는 점에서도 눈에 띄는 작품이다.[2)]

작품은 시작부터 전운이 감돌고 있음을 쉴새 없이 드나드는 파발마들을 통해 보여주다. 겨우 외세의 침략을 물리친 성주이자 군장은 외

2) 이 영화는 다른 영화들과 달리 연출이나 촬영 같은 스태프진의 인원이 2명씩 배치된 것으로 보아 영화적인 완성도를 높이기 위하여 많은 신경을 쓴 것을 짐작할 수 있다.

세의 침략을 막을 방도를 회의하고 그 과정에서 자명종을 만들면 좋다고 제안한 사로주의 말을 생각해낸 장수가 이를 알리고 성에서는 자명종을 만들기로 결정한다. 이사달에 의해 자명종을 만들기로 했다는 결정이 사로주에게 전해지고 사로주는 곧 성으로 떠난다. 그는 성으로 떠나기 전 은장도를 아금랑과 모량아에게 준다. 쇠를 모으기 위해 이사달이 마을 돌고, 아금랑은 어머니의 은비녀를 바친다. 이 소식이 전해지자 쇠를 내는 사람들이 많아지지만 자명종이 완성되는 것이 두려운 북방의 첩자는 밤에 몰래 찬돌을 쇳물에 넣고 사로주에게 누명을 씌운다.

사로주가 옥에 갇히자 은장도의 색이 변하고 사정을 알게된 아금랑은 불돌을 구하러 불산으로 떠난다. 호랑이와 바위의 도움으로 불돌을 구하지만 돌아 오는 도중 첩자의 습격으로 큰 부상을 입는다. 모량아에게 구조된 아금랑은 불돌을 쇳물에 넣고 완성된 자명종은 적의 침입을 알려 고구려의 변방을 지켜낸다.

2. 『아금랑』에 나타난 '조선민족제일주의'

『아금랑』의 서사구조와 모티프는 구비문학의 자장 안에서 파악할 필요가 있다. 이 작품이 전설이나 설화를 변주하고 있기 때문이다. 사로주가 모함을 받아 투옥되자 그가 맡기고 간 은장도가 변색하여 아금랑이 아버지에게 변이 생긴 것을 직감하는 장면이나, 아금랑이 어머니의 은비녀를 종을 만드는 데 바쳐 모범이 되는 장면, 신종 神鐘의 완성을 위한 어린 아이의 인신공양 등이 나타나는 인주 人柱설화는 우리의 전설과 설화에서 흔히 접할 수 있는 모티프들이다.

『아금랑』에서는 인신공양의 형태로 나타나는 것이 아니라 애국심에 의한 희생으로 표현되고 있지만 대를 위해 소가 희생되고 그 희생에 의해 후세 사람들이 혜택을 입는다는 교훈을 담고 있다는 점에서 아금랑은 인주설화의 변주라 볼 수 있다. 뿐만 아니라 영화문학가 김용권은 우리에게 친숙한 '호동왕자와 낙랑공주'의 자명고를 '자명종 自鳴鐘'에 중첩시킴으로써 '자명종'을 북한 고유의 모티프로 편입시키고

그림 29. 불돌을 찾으러 갔다가 희생된 아금랑을 부축하고 있는 모량아

그림 30. 자명종을 만들 불돌을 건내는 아금랑

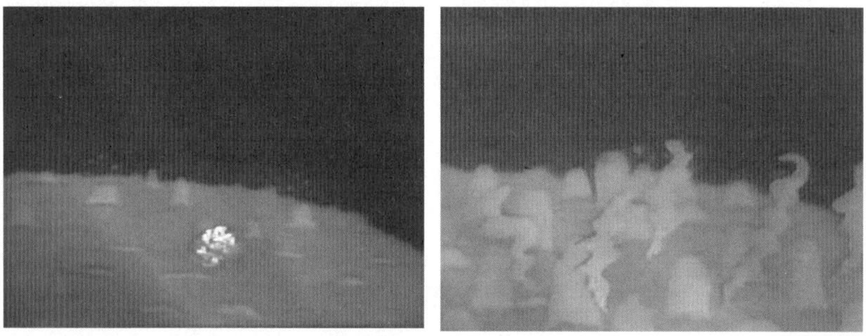

그림 31. 불돌이 들어가자 굳었던 쇳물이 녹아 끓기 시작한다

그림 32. 자명종

그림 33. 아금랑의 죽음을 슬퍼하는 사람들

있다.[1)]

김용권은 전설과 설화에서 모티프를 변주하여 『아금랑』이라는 친숙한 이야기를 완성시키고 있는데 이러한 친숙함은 작품의 흡입력을

1) 자명종의 모티프를 북한의 고유 모티프로 편입시키려는 시도는 1976년 제작된 『두 장수』에서도 나타난다.

그림 34. 성으로 떠나기 전 은장도를 아금랑에게 건내는 사로주

높이는 역할을 할 뿐만 아니라 작품 속에 내재되어 있는 윤리와 도덕, 애국심 등의 각인을 용이하게 한다.

이 작품은 연약한 여자 아이를 주인공으로 하고 있으며, 전설과 설화를 모티프로 하고 있다는 점에서 정치적인 색채가 없어 보이지만 실제로 동서고금을 마론하고 통용될 수 있는 애국주의를 중심주제로 하고 있기 때문에 사상적인 부분이 전혀 없는 것이 아니다. 이 영화는 새 자명종 제작에 필요한 쇠를 모으기 위해 농민들이 생명줄과도 같은 농기구를 바치는 장면과 아금랑이 어머니의 유품인 은비녀를 바치는 장면을 통해 애국주의를 표출한다.

삼국시대 때 종의 제작은 성, 탑, 둑, 다리 건축과 더불어 국책사업의 일환으로 진행되기도 하였다. "구리쇠 12만 근을 들여 선대 임금 선덕왕을 위하여 큰 종 한 개를 만들려다가 성취하지 못하고 죽었던 바 그의 아들 혜공 대왕 건운이 재력 경술(770) 12월에 관원을 시켜 재인바치들을 모아 이것을 완성시켜 봉덕사에 안치 시켰다."[2] 고 『삼국사기』에는 간략하게 기술하고 있지만 거대한 범종을 제작하기 위해서는 기술자 및 백성의 착출과 재물 착취가 선행될 수밖에 없다. 그런데 착취는 북한의 사회주의 이데올로기와 정면으로 배치

2) 일연, 과학원 고전연구실 번역, 『삼국유사』, 과학원 출판사, 1960, 338쪽.

된다. 이러한 문제를 피하기 위해 자명종을 만드는 방법으로 재물의 착출이 아닌 "백성들의 뜨거운 심정이 담긴 쇠"여야 스스로 울리는 종을 만들 수 있다는 전제를 사로주를 통해 배치한다. 이것은 자명종을 제작을 위해 재물을 징수하는 행위를 착취가 아닌 자발적 헌납으로 묘사하기 위함이다.

그림 35. 어머니의 은비녀를 바치는 아금랑

자발적 헌납의 기폭제가 되는 것은 바로 아금랑이다. '아금랑이 은비녀를 바친 이후 전국 각지에서 재물을 내놓고 있다'는 군장의 말에서 알 수 있듯 어머니의 유품인 은비녀를 바친 행위를 백성들은 높은 도덕과 애국심에서 비롯된 것으로 이해한다. 그리고 아금랑의 솔선수범을 따라 배움을 통해 백성들이 재물의 헌납을 인의 人義로 인식했음을 보여준다.

이러한 행위에 대한 인식은 국가의 존망과 연결되면서 애국심으로 전환된다. 북한의 애국주의의 나라를 사랑하는 마음이라는 큰 틀은 남한과 같지만 내용 면에서 더 구체적이다. 북한에서 애국주의는 사회주의, 공산주의 건설의 수행을 위한 필수적 요구로 민족자주의식, 민족과 조국을 사랑하는 정신을 일컫는다. "민족자주의식을 가지고 자기 조국과 민족을 사랑하는 사람만이 자기 나라 혁명을 자기 인민의 힘으로 수행하려는 혁명적 열의를 가지고 노동계급과 근로인민의 자유와 행복을 위하여, 사회주의, 공산주의 건설을 위하여 몸바쳐 싸울 수 있다."[3]는 것이 북한이 말하는 사회주의적 애국주의이다. 사회주의적 애국주의의 요체는 수령에 대한 충성심에 있다. 그러나 이 작품이

3) 사회과학출판사 편, 『철학사전』, 사회과학출판사, 1985, 351쪽.

아동용이기 때문에 수령에 대한 충성심을 국토애, 조국애로 치환함으로써 애 愛의 이미지만을 남기고 있다.

이 작품에서 드러나는 애 愛는 불돌을 구하기 위해 산으로 간 아금랑이 자신의 앞을 가로 막는 호랑이와 바위에게 호통을 치는 장면에서는 극적으로 표출된다. 이 장면에는 북한식 애국주의가 응집되어 있다. 호랑이나 바위돌에게 "이 땅의 백호", "이 땅의 바위"라면 나라가 위급한 이때 자신을 돕는 것이 마땅하다는 아금랑의 논리는 비논리적으로 보이지만 오히려 이 비논리적인 모습은 민족적 긍지와 자부심마저 느끼게 한다.

민족적 긍지에서 비롯된 애국주의는 국방의 의무로 확대된다. 국방의무는 외부의 침략으로부터 조국을 지키고 국민의 생명과 재산을 보호하는 것으로 국가의 주인인 국민이 스스로 국가를 방위해야 할 의무이다. 그런데 김용권은 의무의 외연을 어린 여자 아이의 입을 통해 확장시키고 있다. 이 땅의 민족이라면 남녀노소뿐만 아니라 하물며 그것이 동물이건 무생물이건 모두 조국을 위해 떨쳐나서야 한다는 감상적인 논리가 여자 아이의 입을 통해 전달되면서 강한 호소력을 동반하게 되는 것이다. 호소력이 크다는 것은 감동을 전달하는데 위력적이라는 뜻이다.

그러나 이 감동 속에는 "국방에서의 자위"에 대한 정치사상이 강하게 내포되어 있다. 김정일은 국방에서의 자위에 대해 "국방에서 자위를 실현하는것은 자주독립국가건설의 근본원칙"[4]이라고 말한 바 있다. 국방에서 자위는 한 나라의 정치적 독립과 경제적 자립을 뜻하는 동시에 자기의 힘으로 자기 나라를 보위하는 것을 의미한다. 『정치용어사전』에서는 국방에서의 자위에 대해 좀더 구체적으로 기술하고 있다.

---

4) 김정일, 『주체사상에 대하여』, 조선로동당출판사, 1991, 51쪽.

> 국방에서 자위의 원칙을 관철하기 위하여서는 무엇보다도 자위적무장력을 가져야 한다. 자위적무장력은 근로인민의 아들딸로 조직되여야 한다. 국방에서 자위의 원칙을 관철하기 위하여서는 또한 자체의 국방공업을 건설하여야 한다. 민족국방공업은 자위적무장력의 물질적담보이다. 작은 나라들이 필요한 무기를 다 자체로 생산하기는 힘들지만 그렇다고 하여 모든 무기를 다 남에게만 의존할 수도 없다. 자체로 해결할 수 있는것은 어디까지나 자체로 생산보장하도록 민족국방공업을 건설하고 발전시켜 나가야 한다. 국방에서 자위의 원칙을 관철하기 위하여서는 또한 후방을 강화해야 한다. 현대전에서 승패는 전쟁수행에 필요한 인적 및 물적 자원을 장기적으로 원만히 보장하는가 못하는가에 많이 달려 있다.[5]
> (밑줄- 인용자)

위의 인용을 보면 아금랑의 서사에 녹아 있는 두 가지 사실을 추출해 낼 수 있다. 첫째, 국방에서 자위의 원칙을 관철하기 위해서는 무장력을 가져야하는데 무장의 주력이 근로인민의 아들딸들이다. 고구려 백성들이 남녀노소할 것 없이 조국의 자위를 위해 자명종 제작에 힘을 모으고, 전투에 나서며, 아금랑이 자명종 완성을 위해 목숨을 걸고 불산으로 불돌을 찾으러가는 모습의 근간에는 '전인민의 무력화'라는 국방에서의 자위의식이 깔려있다.

그림 36. 승마와 활쏘기를 통해 무술을 연마하는 아금랑과 동생 모랑아

5) 『정치용어사전』, 사회과학출판사, 1970. 98쪽.

둘째, 무기를 되도록 자체 해결해야 한다는 것이다. 그런데 무기의 자체 제작과 국방의 자위에 대한 강박이 위험한 발상으로 전개되고 있다. 수렵국가인 고구려에서 활이나 창검이 농기구보다 우위에 있을지 모르지만 농기구를 녹여 자명종을 만든다는 행위는 생존권보다 국가의 주권이 우선하고 있음을 암시하고 있다. 반대로 '무기를 녹여서 농기구를 만든다'는 평화적일 수 있는 메시지를 외세와 결탁한 매국노의 간계로 묘사하면서 전쟁수행에 필요한 물적 자원의 우선 순위를 무기에 두고 있음을 보여주고 있다.

이 작품은 표면적으로는 애국주의를 주제로 삼고 있는 듯 보이지만 큰 틀 안에서 보았을 때 애국주의는 이 작품의 소재에 불과하다. 표층에서는 보이는 애국주의와 국방에서의 자위는 결국 심층에 내재되어 있는 조선민족제일주의를 보여주기 위한 것이라 할 수 있다.

이 작품에서 '자명종'은 조선민족제일주의를 표출하는 중요한 소재이다. 신라의 봉덕사 성덕대왕 신종(에밀레종), 만파식적, [6] 낙랑국의 자명고[7]처럼 소리를 내는 악기는 신비의 대상으로 인식되어 왔다. 그런데 『아금랑』에서는 위험을 감지할 때마다 '스스로 울리 종'을 대대로 보호해 온 신물이 아닌 언제나 만들 수 있는 물건쯤으로 인식함으로써 조선민족의 지혜와 기술적 우위를 보여주는 역할을 한다. 외적이 침범하자 자명종이 울리고 이 소리를 들은 고구려의 전백성이 싸움에 나서 오랑캐를 물리친다는 결말 역시 조선민족의 우월성을 보여주는 부분이다.

『아금랑』에서 보이는 고구려인들의 지혜와 민족적 긍지는 사회주의적 애국주의와 밀접히 연결되어 있으며 조선민족제일주의에 대한 인

6) 일연, 앞의 책, 170쪽.

7) 김부식, 과학원 고전연구실 번역 『삼국사기』 상, 과학원 출판사, 1958, 377-378쪽.

식을 밑바탕으로 하고 있다.[8]

≪자기 민족이 남만 못지 않다는 민족적 자존심과 혁명하는 인민으로서의 긍지와 자부심이 없이는 제정신을 가지고 자주적으로 살 수 없고, 민족적 독립과 존엄을 지킬 수 없으며 간고한 혁명투쟁에서 승리할 수 없습니다.≫[9]

위의 인용에서처럼 영화가 민족적 긍지와 자부심의 모체인 조선민족제일주의로 무장되지 않았을 때 민족적 독립과 존엄을 지킬 수도 없고, 혁명에서 승리할 수 없으며 반역자인 영장처럼 되어 버린다고 인식시키고 있기 때문이다. 사회주의 국가로서 독립과 존엄을 유지하는 문제는 북한에게 매우 중대한 사안이다. 독립과 존엄을 유지하기 위해서는 인민들의 애국심을 필요로 한다. 애국심은 국가의 수호는 물론 발전에 큰 영향을 미칠 뿐만 아니라 수령에 대한 충성심과도 밀접한 연관을 맺고 있기 때문에 북한에게 후대를 책임질 아동들에 대한 애국심 교양은 매우 중요한 사업이다.

그러나 민족적 자존감에 대한 각성 없이 애국심이 발현되기 어렵다. 이 작품에서 애국심 고취를 위해 조선민족제일주의가 선행되어야 함을 강조하는 것도 이 때문이다. 북한은 민족적 자존감을 높이기 위해 고구려를 선택하고 있다. 중국의 동북아 공정 이후 고구려 역사물이 드라마를 장악하고 있는 남한과는 달리 북한의 영화는 80년대 이전부터 고구려를 시대적 배경으로 삼고 있다. 이것은 북한이 고구려를 정통으로 보고 있는 시각과도 맞물리며, 고구려가 외세와의 싸움에

8) 조선민족제일주의는 사회주의적 애국주의와 프롤레타리아 국제주의 감정을 요소로 하고 있다. 사회과학출판사 편, 『철학사전』, 사회과학출판사, 1985, 250쪽.

9) 김정일, 앞의 책, 39-40쪽.

서 승리의 역사를 보여준 국가라는 점에서 민족적 자부심과도 연관이 있다. 따라서 이 작품은 한때 제국을 표방했던 고구려를 배경으로 자긍심과 애국주의를 통해 조선민족제일주의를 간접적으로 교양하고 있는 작품이라 할 수 있다.

『아금랑』은 소재 자체가 외침을 겪은 민족들이라면 공감할 민족주의 내지는 애국주의를 담고 있는 점에서 감동과 집중력을 높이고 있다. 북한 사회체제를 의식하지 않고 단순한 전설을 영화화한 것으로 본다면 어른들도 가볍게 즐길 수 있는 영화이나 대상으로 한 만화에서 사람을 죽이는 장면이 여과 없이 나오고 있는 점, 특히 아무리 적이라고 해고 아동이 어른을 살해하는 장면은 비교육적으로 연령제한이 필요한 작품이다. 그리고 애국주의의 강한 표출로 인해 국가주의나 전체주의에 경도되게 할 수 있다는 점, 순화되어 드러나고는 있지만 국방의 자위가 어린이의 희생을 통해 강조되고 있다는 점 역시 비교육적인 요소로 보인다. 물론 북한의 후대교양이라는 입장에서는 당연한 결과일지 모르지만 이 같은 일부분의 비교육적인 요소로 인하여 전체적으로 애국심의 고취라는 교육적인 주제의식이 반감되는 것은 유감스러운 일이 아닐 수 없다. 그러나 지나친 엄숙주의로 흐를 수도 있는 주제를 주인공의 설정과 이야기 구조의 설화적 구성으로 감동과 재미를 주고 있으며, 그림체의 전통화법의 재현 등의 형식적인 부분에서 높은 수준의 완성도를 보이고 있어 아동영화로 분류하기에는 아까운 작품이다.

3. 나오기

현재 애니메이션은 아동의 영역을 넘어 성인들의 영역까지 그 범위를 확장해 나가고 있으며, 유력한 아동교육의 수단으로써, 혹은 뛰어난 광고효과로 인해서, 혹은 그 무한한 표현영역을 이용한 예술적인 실험 등을 통해서 예술로 자리매김하고 있다

북한 역시 애니메이션을 통한 다양한 시도를 꾸준히 해오고 있다. 북한 아동 영화는 정치성을 담은 작품들도 아동을 겨냥하고 있어 사상성이 많이 순화되어 있다. 이데올로기의 혐의를 씌워 분석을 하자면 『아금랑』의 경우처럼 정치성을 띠지 않은 작품이 없겠지만 북한의 문화와 사회를 꿰뚫지 않는 이상 일반인은 정치성을 발견하기 어려운 작품들이 주류를 이룬다. 뿐만 아니라 아예 정치성이 전혀 없으며 유아적 장난기가 번뜩이는 오락성에 치중한 작품과 윤리·도덕에 대한 교육성이 강한 작품들도 많이 제작되고 있다. 북한의 문예정책 속에서 아동문학과 비교할 때 북한이 애니메이션에 다소 이러한 포용력을 보이는 것은 애니메이션을 소비하는 계층이 아동이라는 점을 감안한 듯하다.

앞에서 지적했듯이 실제로 북한의 작품들 중에는 대다수가 무삭제로 남한에 상영을 하더라도 무리가 없는 교육적인 작품들이 많다. 북한의 예술작품이라면 당연히 노골적인 이데올로기 선전의 도구라는 인식을 깨고 활발한 교류를 이룬다면 통일을 위해서도 매우 고무적인 일이라고 할 수 있다.

IV. 미디어와 북한의 민족주의

1. 북한의 매체활용

문학예술이 독자에게 전달되는 경로는 그 시대의 사회와 정치, 경제, 기술의 발달과 밀접한 관련이 있다. 인류의 사고는 음성매체, 활자매체, 영상매체, 전자매체 등 매체의 발전과정을 거치면서 확장되어왔다. 매체는 인간의 사고를 전달하는 수단인 동시에 의미를 산출하거나 부여함으로써 현실을 구축하기도 한다.[1]

북한의 매체의 활용은 1950년대로 거슬러 올라간다. 매체는 북한에 있어 선전선동 및 교양의 도구이다. 북한 문학은 활자매체뿐만 아니라 음성매체, 영상매체를 통해 인민에게 전달되고 있다. 본고에서 주목하는 것은 매체 활용을 통한 북한의 민족주의 담론의 호출 전략이다. 현재 북한은 선군정신을 강조하면서 '인민'의 자리를 '민족'으로 대체하고 있다.[2] 북한의 '민족주의' 담론 복원은 변모하는 북한 사회의 상황에 맞추어 과거 전통을 현대라는 공간 속에서 재구축하는 과

---

1) 마셜 맥루언, 『미디어의 이해』(서울: 민음사, 2002), 35쪽.

2) 류만, 『조선문학사』8(평양: 사회과학출판사, 1992). 1990년대 출간된 문학사에서는 '인민'이라는 용어 대신 '민족'이라는 용어가 사용되기 시작하고 있다.

정이며, 세계체제에 편입되는 것에 대한 경계로 볼 수 있다. 이 과정 속에서 북한의 매체 활용이 두드러지게 나타나는데 매체의 활용방식은 장르의 발전과정과 가장 밀접히 연관된 부분이라고 할 수 있다. 매체는 복제와 배포기술의 발전에 힘입어 수용자 수를 극대화할 수 있다는 장점이 있다. 매체가 주는 메시지는 항상 조직적, 체계적으로 준비되고 배포되며 많은 대중들을 주목한다. 뿐만 아니라 매체는 상호연결성을 통해 상상의 공동체를 재현하게 한다는 점에서 주목해야할 필요성이 있다.

문학예술에서 1980년대 초부터 '민족주의' 담론이 형성되고 있었음을 볼 때 북한은 주체사상으로 이데올로기를 전환하면서부터 '민족'의 복원을 장기적·체계적·전방위적으로 준비하고 있었던 것으로 보인다. 그럼에도 '민족주의'의 실체를 1980년대의 문학 작품 속에서 읽어내기 어려웠다. 장기간 진행되어 온 '민족주의' 담론을 포착할 수 없었으며, 이것이 담론화되어 정착될 것이라는 예측을 할 수 없었던 이유는 다음과 같다.

첫째, 북한에서 1940년대 말 1950년대 초까지 부분적으로 보이던 민족주의에 대한 논의가 수령 우상화가 진행되던 1950년대 중반 이후 폐기된 상태였기 때문에 '민족주의'의 복원을 가늠할 수 없었다. 둘째, 공식적인 교시가 없는 상태에서 1980년대 중반부터 '사회주의 애국주의'라는 담론 아래 '민족주의'에 대한 징후가 이례적으로 아동영화에서만 포착되었기 때문에 그것을 아동영화의 특성으로 파악할 수밖에 없었다. 셋째, '민족주의'의 징후를 보이는 『축원』을 아동영화와의 연장선상에서 읽어내지 못한 결과였다. 넷째, 북한의 문학예술에 대한 문예정책의 연동성에 매몰된 연구태도에서 찾을 수 있다. 그리고 장르간의 단절성 역시 북한사회의 변화를 감지할 수 없게 만든 요인 중의 하나이다.

이러한 문예정책의 연동성의 매몰과 장르간의 단절성을 극복하기 위해 이 글에서는 활자와 영상을 매체 텍스트로 규정하고 두 텍스트를 교차·비교할 것이다. 아동영화에 초점을 맞추는 이유는 첫째, 천세봉의 『축원』(1980)에서만 징후적으로 나타나던 '민족주의' 담론이 영상매체인 아동영화에서 본격적으로 나타나기 때문이다. 둘째, 북한에서 아동관련 예술은 아동을 '공산주의 후비대'로 키우는 데 중요한 역할 차지하고 있다. 북한 아동영화는 아동관련 예술 가운데 북한이 추구하는 후대교양 목표 실현에 있어 매우 중요한 자리에 있기 때문이다. 셋째, 대중매체와 문학 간의 긴밀한 연동 관계 속에서 대중매체가 초래한 문학의 질적 변화와 사회역사적 징후의 확인이 가능하다고 판단했기 때문이다. 넷째, 통상적으로 정책의 지침이 성인 중심으로 교시되던 것과는 달리 '민족주의'에 한해서 아동을 우선시하여 명확히 명시되고 있는 점을 포착하였다. 이를 통해 '민족주의' 담론이 문학과 영화에 미친 영향과 발전과정을 확인할 수 있기 때문이다.

오락성과 교육성에 초점이 맞추어져 있던 자본주의 사회의 애니메이션은 현재 기획과 전략 속에서 파생 산업과의 연계, 수익 창출로 초점이 이동하고 있다. 그러나 북한의 아동영화는 아직도 오락성이 강하면서도 교육적 활용도가 높다는 차별성을 가지고 있다. 이미 효용성을 잃어가고 있는 북한의 여타 문학예술과는 달리 북한 아동영화는 민족적 정서라는 관점에서 동일한 민족을 관객으로 이미 실험을 거쳤으며, 제작 능력을 국제적 차원에서 검증 받고 있는 장르이다. 지형영화 『아금랑』은 국제 애니메이션 페스티벌에 출품하여 작품성을 인정받은 작품이며, 『소년장수』는 북한 내에서 우수작으로 인정받고 있는 작품이다. 북한의 평가가 아니더라도 이 두 작품이 보여주는 예술성, 오락성, 교육성은 자본주의 시장에 내놓아도 손색이 없을 정도이다. 그럼에도 남한에서 북한 아동영화는 매우 소홀히 다루어졌으며 북한의 문예정책 연구도 관심대상에서 배제되면서 아동영화가 던지는 메시지를 간과하는 결과를 낳았다.

따라서 이 글에서는 북한 아동영화 중 다부작 그림영화[3] 『소년 장수』를 중심으로 북한 매체의 활용방식과 영화가 제작된 시기의 창작지침을 통해 북한이 아동 영화를 통해 보여주고자 했던 당대의 '민족주의' 담론에 대해 살피고자 한다. 이를 위해 먼저 아동영화에 대한 북한의 창작지침과 장르 간 영향관계를 검토하고자 한다.

북한의 민족주의 담론의 호출과정을 아동영화를 통해 검토하는 것은 문학 연구 중심의 문예이론 연구와 이데올로기 관계에서만 논의하던 틀에서 탈피하여 아동영화가 문예예술의 한 장르로 문학과 역동적인 관계 속에 존재했음을 지적하는 일이기도 하다. 그리고 이를 통해 문예체계, 각 장르간의 영향관계, 매체의 활용양상은 물론 크게는 미래의 원동력이 될 청년의 의식체계를 미리 확인할 수 있는 계기가 될 것이며, 북한 사회의 본질에 좀 더 가까이 다가갈 수 있을 것이다. 또한 북한 문학이 생명을 유지하기 위해서는 창작계층의 확대와 독자의 지평으로 나아가는 것이 무엇보다 중요한 문제였다는 점을 생각할 때 매체를 통한 다변화의 추구는 수령형상물의 발전과정과 『불멸의 력사』가 근대적 매체에 의한 매체의 다변화를 추구해가는 양상을 되짚어보는 한 방법이 될 수 있을 것이다. 그리고 이를 통해 매체와 독자의 향유방식에 북한 문학이 어떻게 대처해갈 수 있는지를 확인할 수 있을 것이다.

3) 북한은 '만화영화'라는 용어대신 '그림영화'라는 용어를 사용하고 있다. 남한에서는 만화영화를 셀 애니메이션(cell Animation), 인형영화를 스톱 모션 애니메이션(Stop Motion Animation), 지형영화를 컷 아웃 애니메이션(Cutout Animation)이라는 외래어를 그대로 사용하고 있어 대체할 용어를 찾기보다 북한식용어를 본고에서는 사용하기로 하겠다.

2.『소년장수』의 제작과정과 제작진

<소년장수>와 같은 우리 식의 독특한 다부작아동영화를 마련해 주시고 창작에서 견지해야 할 원칙들도 전면적으로 밝혀주시면서 아동영화발전의 만년초석으로 되는 수많은 사상리론들을 안겨주시였다. 위대한 김정일 동지께서 밝혀주신 과학 및 아동영화에 관한 이 모든 사상들과 리론들은 온 사회의 주체사상화의 요구에 맞는 새로운 사회주의, 공산주의 문학예술리론의 창시로서 인류문학예술보물고에 탁월하게 기여한 또하나의 고귀한 업적으로 되는 것이다.[1]

위의 인용문『소년장수』에 대한 북한의 평가이다.『소년장수』는 북한 아동영화의 성과작으로 가장 많이 거명된 작품이다. 1991년 성과작으로 뽑힌『소년장수』에 대한 평가를 보면

올해 아동영화부문에서는 어린이의 특성에 맞게 우리 민족제일주의정신, 나라를 사랑하는 마음, 동무를 귀중히 여기고 집단을 귀중히 여기는 마음을 비롯

1) 조선영화년감,「과학, 아동영화 발전의 빛나는 년대기」, (평양: 문학예술출판사, 1993), 74쪽.

> 한 어린이교육에 지극히 필요한 내용을 가지고 보다 높은 수준에서 아동영화들을 창작하였다. 고구려무사인 용감한 소년장수의 투쟁이야기를 보여주는 아동영화 <소년장수>.
>
> 용감한 소년장수와 더불어 지혜있는 무사로 자라나는 예동이와 날새, 범동이 그런가 하면 악착하기 그지없는 원쑤들인 호비와 이리, 미라의 몰골… 올해 어린이들의 사랑을 완전히 독차지한 아동영화 <소년장수>는 그 련속편의 부수와 내용에 있어서도 높은 성과를 이룩하였다. 친애하는 지도자동지께서는 아동영화 <소년장수>를 련속그림영화로서 100부까지 만들데 대한 높은 믿음을 안겨주시였다. 조선과학교육영화촬영소의 아동영화창작단 전체성원들은 친애하는 지도자동지께서 안겨주신 이 크나큰 신임과 배래에 보답할 충성의 창작전투를 벌리였다. 결과 그들은 집단의 지혜와 힘을 발휘하여 문학으로부터 시작하여 형상전반에서 나서는 모든 문제를 자체의 힘으로 해결하였으며 아동영화 <소년장수> 창작에서 혁명적인 앙양을 일으켰다.[2)]

『소년장수』가 민족 제일주의 정신을 구현하는 영화임을 알 수 있다. 『소년장수』는 원래 1980년대 초 10부작으로 기획된 그림영화로 매작품마다 완결구조를 가지고 있으며 이야기가 연결되는 시리즈물이다. 4부까지 제작되었을 때 어린이들의 관심을 끌었지만 일군들과 창작가들은 이렇게 큰 형식의 영화가 어린이들의 특성에 맞지 않는다고 판단하고 창작을 중단했을 뿐 아니라 이미 만든 4부까지도 제대로 보급하지 않고 있었다. 이에 김정일은 1987년 12월 16일 아동영화 『소년장수』를 계속 만들라고 교시했다. 이 영화의 제5부가 완성되자 1988년 2월 3일에는 이 5부와 함께 보급을 중지하였던 1~4부까지도 방영할 것을 지시하면 연속편을 계속 창작하라[3)]는 지침을 내렸다. 창작가들이 이

2) 조선영화년감, 「1991년도 조선영화개관」(평양: 문학예술출판사, 1992), 14쪽.

3) 김혜숙, 「다부작아동영화 <소년장수>에 깃든 사랑의 손길」, 『조선예술』 6호

영화를 10부까지 완성하고 끝내려 한다는 것을 안 김정일은 1990년 8월 30일 『소년 장수』의 연속편을 다부작 형식으로 계속 만들 것에 대한 지침이 하달된다.[4] 그리고 1991년에는 100부까지 만들 것[5]에 대한 지침이 하달되면서 만화영화로서는 드물게 연속영화에서 다부작 영화로 발전한다. 그리하여 1997년 50부로 마무리 된 『소년장수』는 2000년부터 다시 제작을 게재해 현재까지 93부까지 완성되었으며 현재도 제작이 진행 중인 상태이다.

그림 37. 『소년 장수』 성우들

> 명작폭포로 당의 령도를 충직하게 받들어갈 불타는 열의에 충만된 문학예술부문의 전체 일군들과 창작가, 예술인들의 헌신적인 노력에 의하여 뜻깊은 지난해에 주체문학예술의 화원을 빛나게 장식하는 성과작들이 나오고 혁명의 북소리, 투쟁의 진군가가 온 나라를 들썩하게 울리였다.(…) 만화영화창작을 불씨로 하여 영화혁명의 불길을 세차게 일으킬데 대한 경애하는 원수님의 사랑과 믿음을 창작의 원동력으로 삼은 조선4. 26만화영화촬영소의 창작가, 예술인들도 만화영화제작에서 성과를 거두었다. 만화영화 《소년장수》 련속편(82부-89부)과 력사만화영화 《고주몽》(17부-22부)을 창작하여 우리 어린이들과 인민들을 기쁘게 하였다.

위의 내용은 2019년 1월 9일자 『조선의 오늘』에 실린 기사 「주체문학예술의 위력을 힘있게 과시한 자랑스러운 해(2)」이다. 2018년 82부~87부까지 제작되었음을 밝히고 있다.

(평양: 문학예술출판사, 2004.6.5.), 31쪽.

4) 『조선영화년감』, 1990, 27쪽.

5) 『조선영화년감』, 1992, 14쪽.

2019년 6월까지 『소년장수』가 93부까지 제작된 것으로 확인되지만 직접 확인은 현재 87부까지이다. 제작상황은 아래의 표와 같다.

<표 10> 『소년장수』의 제작진

제작년도	부	부 제목	영화문학	연출	책임미술	상영시간
1987	1부	아버지의 장검	황석환	손종권	김택전	27분
	2부	사냥경기			김택전, 김용찬	18분40
	3부	음모의 화살			김택전, 김용찬	20분52
	4부	복수의 맹세			김택전, 김용찬	21분18
1988	5부	간악한 원쑤			김택전, 김영철	19분43
	6부	성문열쇠	김용권	김광선	김택전, 김영철	18분21
	7부	어머니를 찾아서		김광성	김택전, 김영철	19분24
	8부	통첩장의 비밀			김택전, 김영철	20분9
1989	9부	마지막 화살			김영철	18분55
	10부	성루의 종소리		손종권	김택전	21분10
1990	11부	승전고 울리는 속에서	장은식	김영철	오신혁	16분33
	12부	잊지 못할 고향	김용권	김준옥(공훈예술가)	김인선	19분58
	13부	무너진 성벽	장은석	김광성	김영철, 오신혁	10분27
	14부	불타는 성	김용권	손종권	김택전(공훈예술가), 오신혁	17분17
	15부	축성도		김광성	김영철	17분35
	16부	적진 속에서		김관선	김인선	20분40
	17부	검은 독병		김준옥	오신혁	20분46
	18부	음모의 그물		김준옥	박서연, 박정성	24분24
	19부	궤짝 속의 비밀		김광성	김영철	17분40
	20부	대결		손종권	김택전(공훈예술가), 오신혁	20분26

제작년도	부	부 제목	영화문학	연출	책임미술	상영시간
1991	21부	쇠메가 남긴 편지	김광성	김광성	김영철, 김종철	12분57
	22부	무술시험		김영철	김택전(공훈예술가), 오신혁	12분28
	23부	꺾어버린 칼		김광성	오신혁	12분59
	24부	범을 다루는 아이			김택전(공훈예술가), 김종철	13분
	25부	잊지 못할 교훈			김영철, 김종철	13분6
1992	26부	맹세	김광성	김광성	김영철, 오신혁	12분57
	27부	동굴 속의 메아리			김택전(공훈예술가), 김영철	12분59
	28부	돛배 위에서의 격전			김영철, 김종철	13분1
	29부	불길 속의 세 소년			김영철	13분50
	30부	돌두령의 비밀	김광성	손종권	김택전(공훈예술가), 김종철	13분13
	31부	횃불신호			김영철, 오신혁	12분59
	32부	함정		김광성, 김택전	오신혁	12분56
1993	33부	끝나지 않은 싸움	김광성	김광성 김택전	오신혁	12분59
	34부	웅거의 급보	김용권	손종권(공훈예술가)	김영철	24분56
	35부	군령	방순용	김광성	김영철, 도철	20분41
	36부	범동이	김용권	김영철	윤영길	19분47
1994	37부	청룡장도칼	박태술	김광성	도철, 리문철	25분4
	38부	해전	방순용	손종권	김택전(공훈예술가), 홍철호	30분35
	39부	고향으로 가는 길	방순용	김광성	도철, 최춘남	24분42
	40부	말파리는 달린다	김용권, 방순용	손종권	윤영길, 김경수	20분47

제작년도	부	부 제목	영화문학	연출	책임미술	상영시간
1995	41부	괴마산에 나타난 소녀	김광성, 류시철	김영철	함춘일, 정동철	26분17
	42부	사자목테의 비밀	방순용	김광성	도철, 김경수	25분20
	43부	진달래	방순용, 류시철	오신혁, 김영철	리문철, 리복순	26분15
	44부	보물략도	방순용	손종권, 도철	윤영길, 계훈	27분39
	45부	단오날	방순용	김영철	리문철, 정동철	26분51
1996	46부	주지 못한 갑옷	방순용, 최인성	김광성, 도철	윤영길, 최춘남	19분49
	47부	국화		김광성, 김영철	리문철, 김경수	25분52
	48부	격전속의 메아리	방순용	김영철	리문철, 정동철	26분1
	49부	빛나는 장검		김영철, 도철	리문철, 정동철	26분19
1997	50부	고구려만세		김광성, 김영철	윤영길, 김경수	31분28
2000 ~ 현재	51부	부 제목 없음	김화성, 한영	윤영길, 리철	김원일 외 5인	31분46
	52부		리영춘, 리일혁	전성철, 윤주성	리병욱외3인	30분23
	53부		최인성, 최영일	김진혁, 박광현	김혁철, 림성혁 외 4인	28분43
	54부		윤철진, 한기만	김혁철	성운남	34분18
	55부		오영림, 김철호	김혁철	리병욱, 한철진	26분9
	56부		장은희	김혁철	김원일	33분53
	57부		오영림, 리봉화	장철수 (공훈예술가)	리병욱	35분38
	58부		리영춘	윤영길	성운남	36분21
	59부		한영, 손충성	전성철	리병욱	34분25
	60부		김화성	김혁철, 윤주성	장철준, 김혁철 외 2인	34분31
	61부		오영림	리철	김원일	27분30
	62부		리영춘	김혁철	리병욱	25분3
	63부		김화성	윤영길	성운남	37분47

제작 년도	부	부 제목	영화 문학	연출	책임미술	상영시간
2000 ~ 현재	64부	부 제목 없음	오영림	장철수 (공훈예술가)	리병욱	29분44
	65부		리영춘	윤주성	김원일	40분5
	66부		리영춘	전성철	리병욱	34분15
	67부		오영림	윤영길	김원일	29분47
	68부		김화성	김혁철	리병욱	29분43
	69부		리영춘	윤주성	성운남	36분9
2000 ~ 현재	70부	부 제목 없음	오영림	김진혁	리병욱	29분35
	71부		리영춘	윤영길	성운남	34분34
	72부			장철수	리병욱	28분50
	73부		오영림	윤주성	김명길	36분51
	74부			전성철	리병욱	33분3
	75부		리영춘	리철	성운남	36분12
	76부		리영춘	장철수	리병욱	37분13
	77부		오영림	김진혁	성운남	38부18
	78부		리영춘	김혁철	리병욱	35분29
	79부		오영림	리철	성운남	32분42
	80부		리영춘	전성철	리병욱	29분51
	81부		오영림	김진혁	성운남	37분58
	82부		리영춘	장철수	리병욱	27분7
	83부		오영림	윤영길	성운남	33분13
	84부		리영춘	강정룡	리병욱	30분24
	85부		오영림	김진혁	성운남	37분43
	86부		리영춘	강정룡	리병욱	33분7
	87부		오영림	리철	김원일	33분27

그림 38. 선교지구 률곡고급중학교 『소년장수』 주제가를 녹음하고 있다.

그림 39. 평양음악록음소 관현악단

그림 40. 선교지구 률곡고급중학교 아동음악반 지도교원 한성희. 한성희는 어린시절 『소년장수』 주제가를 부른 률곡중학교 아동음악반 단원이었으며, 현재는 모교에서 공훈교원으로 학생들을 지도하고 있다.

50부까지 제작에 투입된 인력은 대략 70여명으로 황석환,[6] 김용권,[7] 장은식, 김광성,[8] 방순용, 박태술,[9] 류시철, 최인성[10] 등 8명의 작

6) 황석환은 『소년장수』 시리즈 중 1-5부의 영화문학을 담당한 작가이다. 그는 『령리한 너구리』시리즈 중 「부정선수」와 예술영화 『하늘의 6부자』의 연출을 담당하기도 했다. 그는 반전의 묘미를 살릴 줄 아는 작가라고 할 수 있다. 상당히 구성에 신경을 쓰며, 시각적으로 표현하기 힘든 이야기 구조를 자주 사용하는 작가로 만화영화라는 매체에 대한 이해가 부족한 것처럼 보이기만 대사처리나 스토리 구성에 있어서는 상당한 실력을 보여준다. 특히 사실주의적 묘사, 고구려 민속묘사가 두드러진 작품의 영화문학을 주로 담당하고 있다. 그는 주로 연출가인 손종권과 미술가이며 공훈예술가 김택전, 연출가이자 미술을 넘나드는 김용권 등 거물급들과 함께 작업을 하고 있다.

7) 김용권은 『소년장수』시리즈 중 6-10부, 12부, 14부-20부, 34부, 36부, 40부와 『령리한 너구리』시리즈 중 「높이 재기」와 「순회 우승컵」, 『아금랑』 영화문학을 담당했다. 순수하게 오락적인 면에서만 평가한다면 김용권이 영화문학을 담당한 작품이 가장 재밌다. 그의 특징은 깔끔한 대사를 처리에 있다. 또한 전반적으로 정치사상적인 요소를 노골적으로 표현하기보다는 어린이들 정서에 맞게 내용을 쉽게 묘사하는데 능숙하다. 특히 남성적인 소재를 다른 작가들 보다 많이 취하는 작가이다. 연출은 하지 않고 영화문학만을 전담하는 것으로 보아 문학을 전공한 것으로 추측된다. 특히 그가 맡은 7부는 "어린들의 정서에 맞게 대사를 적게 쓰면서도 그 수준을 한계단 훨씬 높여 명카드를 많이 창조하였다."는 평가를 받고 있으며, 장면들도 아동영화의 극치를 이루는 명장면들이 많은 작품으로 평가받고 있다.

8) 김광성은 4.26아동영화촬영소 제1창작단 연출가로 1991년 3월에 진행된 조선영화축전에서 '2.16영화연출상'을 받았으며 1997년 6월 24일 공훈예술가 칭호를 받았다. 『소년장수』시리즈 중 7부-9부, 13부, 15부, 23부, 35부, 37부, 39부, 41-42부, 46-47부, 49부의 연출을 21부, 24-29부, 31-33부 영화문학과 연출을, 30부의 영화문학을 담당했다. 이외에도 『령리한 너구리』와 『룡을 이긴 사람』, 『꾀있는 개미』(제4부), 『도적을 쳐부신 소년』(1985), 『강을 건너온 과일』(1989)등도 연출한 바 있다. 『령리한 너구리』시리즈 중 「스키경기」, 「장애물경기」의 영화문학과 연출을 맡았고 「지름길」을 연출했다. 그리고 「산삼꽃」의 영화문학을 담당했다. 연출력을 인정받아 영화문학에도 참여하게 된 가장 대표적인 사람이다. 전반적으로 연출력이 호쾌하고 액션이 많이 등장하여 보는 재미를 주는데 일가견을 지닌 연출가이다. 영화문학까지 맡은 <스키경기>나 <장애물 경기>를 보면 구성에 있어서도 오락적인 요소를 가장 능란하게 다루는 실력을 지니고 있어 당장 자본주의 시장에 내놓아도 손색없는 연출력을 보유하고 있다. 대부분의 북한 영화가 대사를 중심으로 하여 이야기 구조를 강조하는데 비하여 그의 작품은 대사보다는 시각적인 재미에 초점

가가 영화문학을 담당하고 있다. 51부부터는 리영춘,[11] 오영림,[12] 김화성[13] 이 세사람이 모든 영화문학을 집중적으로 담당하고 있다. 1-50부는 손종권,[14] 김관선,[15] 김광성, 김영철, 김준옥,[16] 김영철, 김택전,

---

을 맞추고 있다. 그러나 영상미학적인 새로운 시도의 없음과 예술적인 실험정신은 다소 결여된 듯하여 성인의 경우 장시간 반복되는 액션에 지루함을 느낄 수도 있지만 아동들의 시선에 맞춰 '보는 재미'가 무엇인지를 잘 보여주는 감독이다. 그 때문인지 정치적인 요소가 가장 약한 작품들에 많이 기용이 되고 있다. 그러나 『소년장수』에서는 틀에 얽매여 참신함을 잃고 있다. 즉 그가 지닌 장점이 오히려 작품을 지루하게 하는 요인이 된다.

9) 「범을 타고 온 소년」1-2부(평양: 조선과학교육영화촬영소, 1991, 27분)을 각색하였으며, 최인성과 함께 「잘못 고른 일감」 (평양: 조선4.26아동영화촬영소, 2007, 19분)의 영화문학을 공동집필했다.

10) 『다람이이와 고슴도치』30-32부「원쑤들은 간악한가」, 「승냥이 소굴에로」, 「원쑤를 맞받아」(평양: 조선4.26아동영화촬영소, 2010- 2012), 「동줄토리가 일으킨 소동」(평양: 조선4.26아동영화촬영소, 2009, 15분), 「잘못 고른 일감」(평양: 조선4.26아동영화촬영소, 2007)을 박태술과 함께 공동집필했으며, 「토끼형제와 승냥이(제4부):부러진 검은 날개」(평양: 조선4.26아동영화촬영소, 2004, 15분)을 집필했다.

11) 소설가로 데뷔했으며, 영화문학도 담당하고 있다. 소설로는 단편소설「보람찬 일터」 『천리마』(1984.5), 「전사의 마음」. 『천리마』(1985.7), 등이 있으며, 영화문학으로는 「철이가 가져온 장수버섯」(평양: 조선4.26아동영화촬영소, 2015, 17분), 『령리한 너구리』(제59)부 「수림산에서 있은 일」(평양: 조선4.26아동영화촬영소, 2007, 16분) 등이 있다.

12) 오영림은 원래 예술영화와 텔레비전극의 영화문학을 담당하면서 소년 장수 시나리오도 쓰고 있다. 그가 집필한 예술영화는 「복받은대지에서」(2010)를 홍원철과 공동집필하였으며, 텔레비전극 『우리녀자 축구팀』 1-5부(평양: 텔레비죤극창작단, 2011) 등이 있다.

13) 「깡충이가 준 약」(평양: 조선과학교육영화촬영소, 1996, 15분), 「눈이 멀었던 사마귀」(평양: 조선과학교육영화촬영소 아동영화창작단, 1996, 18분), 「신기한 수정구슬」(평양: 조선4.26아동영화촬영소, 2007, 28분), 『고구려의 젊은 무사들』6부, 「물러설 수 없는 길」(평양: 조선4.26아동영화촬영소, 2012, 29분), 「혹 뗀 이야기」(평양: 조선4.26아동영화촬영소, 2012, 28분), 「남이의 옷차림」 (평양: 조선4.26아동영화촬영소, 2012, 10분) 등이 있다.

14) 황석환과 함께 작업을 한 손종권은 1942년생으로 평양연극영화대학을 졸업했으며, 조선과학교육영화촬영소 아동영화연출가로 1991년 5월 공훈예술가 칭호를 받았다. 그는 『소년장수』시리즈 중 1-5부, 10부, 14부, 20부, 30-31부, 34부, 38부, 40부, 44부를 연출했고, 『령리한 너구리』시리즈 중 「후보선수」,

「세동무」, 「호랑이를 이긴 고슴도치」, 「쫓겨난 여우」, 「다시 돌아온 곰」. 「메돼지네 담장」(1985.9 작가·연출), 「물에 빠진 너구리」(1986.1), 「없어진 생일날」(1986.4)의 연출도 담당했다. 그는 북한의 만화영화계에서 가장 안정된 연출력을 보유하고 있는 것으로 보인다. 전반적인 구성은 다소 지루한 감이 있지만 주제를 밀도 있게 접근하는 연출가이다. 특히 손종권이 연출한 『소년장수』 1-5부에서 볼 수 있는 동맹무, 수렵, 문양, 의상, 단오, 추석의 차례, 절 등의 민속적인 배경화는 속적 측면이 세밀하게 고증되어 사실적이며, 만화라기보다는 수묵화를 보는듯한 예술적 경지를 보여주고 있다.

15) 김관선은 『소년장수』 16부와 『령리한 너구리』시리즈 중 「불을 일으킨 얼음」, 「쫓겨간 호랑이」, 「잘못 안 시간」, 「응당한 봉변」을 연출했다. 만화영화의 기법에 대한 과감한 실험정신이 돋보이는 연출가이다. 재미나 주제 의식보다는 만화영화의 기술적 발전에 대한 공로로만 작가를 평가한다면 단연 그가 북한 최고라 해도 과언이 아닐 만큼 실험정신이 뛰어나다. 서양의 영화에 대한 연구를 했는지 확인할 길이 없으나 서양 영화에서 보이는 구성들을 만화영화에 도입하고 있어 화면 구성이나 영상의 효과를 통해 예술적 질을 높이고 있다. 다른 작가들이 잘 쓰지 않는 독특한 화면분할이라든가 다소 생소한 기법들을 사용함으로써 혁신적인 면을 보인다. 김광성이 오락적인 면에서 탁월한 재능을 발휘하고 있다면 김관선은 뛰어난 실험정신을 통해 북한의 아동영화의 예술적 수준을 높이는데 기여하고 있다.

16) 김준옥(남)은 1935년생으로 평양미술대학 영화미술과를 졸업했으며, 1963년부터 아동영화 1963년부터 아동영화 연출가로 있는 조선4.26아동영화촬영소 인민예술가이다. 그는 『소년장수』12부, 17-18부와 『날개달린 룡마』, 『다람이와 고슴도치』, 『령리한 너구리』와 다른 나라와의 합작영화들인 『뻬쁘와 헤리꿀』(1-134부), 『사자왕 씸바』(1-100부)를 비롯하여 370여 편의 만화영화를 연출하였으며, 『재간둥이 멍멍이』와 『재미있는 이야기』 시리즈 중 「먹이를 찾던 두 짐승」과 「구멍을 넓힌 쥐」의 영화문학과 연출을 맡았으며 『다람이와 고슴도치』의 영화문학을, 『여우의 매방울소리』(1986)에서는 작가, 연출, 미술까지 담당했다. 연출가로서는 미국의 애니메이션과 흡사한 스타일을 지닌 보기 드문 재능의 소유자이다. 특이한 점은 영화문학을 전담한 「다람이와 고슴도치」에서 보듯 영화문학만 담당한 작품은 작품의 질이 매우 떨어지나 연출과 영화문학을 함께한 「재간둥이 멍멍이」, 「먹이를 찾던 두 짐승」, 「구멍을 넓힌 쥐」, 『여우의 매방울소리』에서는 작품의 높은 질과 탁월한 작가적 소양을 보이고 있다. 「재간둥이 멍멍이」의 경우에는 북한에서는 보기 드문 그림체를 선보이며 변신의 모습을 보여 주기도 했고 나머지 두 작품에서는 고전적인 만화영화 연출기법의 모든 것을 보여주는 능숙함을 보여 주었다. 정치적인 주제를 보다는 예술적 작품에서 재능을 발휘하는 그는 김관선과 김광성의 장점을 고루 갖춘 작가라 할 수 있다.

오신혁, 도철 등 9명이 연출을 맡고 있으며, 51-87부까지는 김혁철,[17] 장철수,[18] 윤영길,[19] 윤주성, 김진혁, 전성철, 리철[20] 등이 연출을 맡고 있다. 이 중 김영철,[21] 김택전,[22] 오신혁,[23] 도철 등은 미술을 담당하다가 연출가로 발돋움한 작가이나 단독 연출이 없으며, 김영철의 경우 다른 작품에서 단독 작품이 보이나 작품 수가 적어 평가하기가 어렵다. 미술에는 거의 40여명의 인력이 투입되며, 지휘도 7명이 돌아가면서 맡고 있다. 지휘자와 작곡가 노래, 대사를 제외하고 작품당 4-5명을 배치하는 다른 작품들에 비해 많은 인력이 투입되었음을 알 수 있

---

17) 김혁철은 영화문학과 연출을 넘나드는 재원으로 「포수의 아들」(평양: 조선4.26아동영화촬영소., 2012. 27분)은 연출과 영화문학을 담당한 작품이다. 연출로는 「새겨두자요」(평양: 조선4.26아동영화촬영소, 2011. 17분),

18) 이외에도 연출한 작품으로는 「남이가 키운 감나무」(2016, 17분)이 있다.

19) 연출한 작품으로는 「불씨를 찾은 아왕녀」(평양: 조선4.26아동영화촬영소, 2012, 28분), 『고구려의 젊은 무사들』.7부, 「고구려 사신」(평양: 조선4.26아동영화촬영소, 2012), 「손장수와 발장수」(평양: 조선4.26아동영화촬영소, 2009, 21분), 「세포수」(평양: 조선4.26아동영화촬영소, 2008, 20분), 「찰칵이가 찍은 사진」(평양: 조선4.26아동영화촬영소, 2008, 20분), 「원쑤갚은 소년」(평양: 조선4.26아동영화촬영소, 2007, 24분) 등이 있다.

20) 연출한 작품으로는 「아홉명의 뱃사공」 (평양: 조선4.26아동영화촬영소, 2008, 26분)「작은 산삼과 큰 산삼」(평양: 조선4.26아동영화촬영소, 2009, 20분), 「다람이이와 고슴도치」30-32 (평양: 조선4.26아동영화촬영소, 2010-2012), 「길을 잃었던 깜장이」(평양: 조선4.26아동영화촬영소., 2010, 21분), 「용남이가 먹은 약」(평양: 조선4.26아동영화촬영소, 2012, 18분), 「개미와 왕지네」(평양: 조선4.26아동영화촬영소, 2012, 18분), 「바위를 뚫은 화살」(평양: 조선4.26아동영화촬영소, 2011, 22분) 등이 있다.

21) 「파란 샘물」제1-3부(평양: 조선4.26아동영화촬영소, 2004, 69분)을 오신혁과 함께 연출했다.

22) 「범을 타고 온 소년」1-2부(평양: 조선과학교육영화촬영소, 1991, 27분), 「삼형제에 대한 이야기」(평양: 조선4.26아동영화촬영소[, 2009, 21분), 「나무할아버지가 준 선물」(평양: 조선4.26아동영화촬영소, 2007, 14분) 등이 있다.

23) 『방울소리』(제5부)「방울재주」(평양: 조선4.26아동영화촬영소, 2002, 15분)을 연출했으며, 「파란 샘물」제1-3부(평양: 조선4.26아동영화촬영소, 2004, 69분)을 김영철과 함께 연출했다.

으며, 북한이 이 작품에 상당히 많은 노력을 기울이고 있음을 알 수 있다.

주제가의 작사는 영화문학을 담당한 황석환이 「승전고를 울려라」, 김광성이 「우리도 소년 장수다」를 작사 했으며, 작곡은 김명희가 담당했다. 작곡가 김명희는 아동영화 음악에 대해

> 아동영화에서 음악은 아주 중요한 역할을 수행하게 됩니다. 우선 아동영화음악은 작품의 양상, 말하자면 정극적인것인가 희극적인것인가 또 고전물인가 현실물인가 이런 양상을 규정해주게 됩니다. 또 아동영화음악은 피사체가 그림이나 인형으로 되여있기때문에 숨결이 없는 이런 인물들에게 숨결을 주고 감명과 정서를 주게 됩니다. 이렇기때문에 이 아동영화음악은 다른 이여의 영화음악들에 비해서 더 큰 역할은 한다고 말할 수 있습니다.[24]

51부부터는 각 부마다 장철수(공훈예술가)·함춘일·오순남·로민·박정남·정현철·림률·김룡·김광혁·오성남 등의 3-4명의 부연출과 6~8명의 책임미술, 그림대본 창작 파트가 신설되어 김성준·김명길·박윤걸·변희성·홍현철·김성호 등 인원이 6명으로 증원됐으며, 화면구도 4~5명 등 평균 71명의 원도미술 담당자들과 최소 5~8명의 배경미술, 3D미술 2명, 합성미술 5~8명 등 미술 인력이 대거 증원 됐다. 노래와 연주, 녹음은 박정호가 책임을 맡고 있는 것으로 보이며, 고유미와 김명남 등이 함께 녹음 작업에 참여하고 있다. 원래 부연출을 맡았던 장철수는 57부부터 연출을 맡고 있다. 그리고 51부부터는 박사(조휘남)와 부교수(리광휘)가 학술지도를 하고 있는 점에서 고증을 철저히 하려는 모습이 돋보인다. 뿐만 아니라 내용이 반복되어 식상하다

24) 「아동영화는 아동영화다」, 『자주시보』, 2010.1.16.

는 김정은의 지적에 따라 쇠메와 호비를 혼인시켜 일가를 이루게하여 자녀들의 이야기로 내용을 확장해 가고 있다.

『소년장수』는 51부부터는 부제목 없이 부수만 표기하고 있는 것이 50부까지와의 차이다. 그리고 51부터는 3D로 그리고 있다. 음악은 76부부터 가야금 협연으로 바뀌어 민족적 색체를 한층 강화하고 있다.

장편의 경우 영상미학적인 실험을 시도할 여지가 적어 예술적인 완성도는 서사구조의 치밀한 완결성이 그 승패를 가름한다. 그래서인지 영화문학은 장편에서 나타나는 타성을 극복하기 위해 영화문학이나 연출, 미술, 지휘자를 계속 교체하고 있지만 10부 이후부터 문제점이 노출된다. 특히 김광성이 영화문학과 연출을 한 33부까지는 중복된 인물형의 등장, 서사 구조의 반복이 집중력을 떨어뜨리고 있다. 오히려 영상미학적인 면에서 다른 작품에서 볼 수 없는 책임미술 체제를 두고 연출가와 작가에 맞는 책임 미술가를 배치하고 그 하위에 많은 미술가를 두고 작업을 해서인지 배경미술의 환상적이면서도 사실적인 표현, 민속적인 것의 철저한 고증, 화려하지만 조선적인 색채가 작품의 질을 높이고 있으며, 동작의 묘사는 미학적 예술성 확보하고 일조하고 있다.

배경처리에 있어서도 쇠메나 인물들의 이동 동선에 따라 단순한 배경으로의 나무나 산, 계곡이 존재하는 것이 아니라 산과 들, 계곡과 하늘, 비, 바람, 햇살 등은 인물들의 움직임과 시선에 따라 속도감 있게 함께 이동하면서 인물의 심리나 감정변화를 표현하는 장치로 사용된다. 『소년장수』에는 허레이션 halation 효과를 통해 쇠메의 용감성을 보여주며, 58부의 사막 기마대 장면과 59부의 적의 음모를 파탄시키기 위하여 돌탄국 태자와 함께 말을 타고 협곡과 들판을 달리는 쇠메와 그 일행과 말들의 질주하는 모습 파노라마로 보여주어 역동성을 강조하고 있다. 불길 속을 빠져나가는 일행의 모습은 흡사 실사를 보는듯하다. 계곡장면은 정면과 측면, 부감으로 피사체를 잡아 일행의 움직임에 박진감을 더하고 있다.

쇠메일행의 움직임을 대각선 구도와 사선 구도 잡아 비장미와 함께 긴장된 심리를 표현하고 있는데 북한은 이 장면에 대해 다음과 같이 평가하고 있다.

> 화면은 먼저 비장한 결심을 하고 내리고 군마에 오르는 쇠메의 행동을 재치있는 몇 개의 동작으로 나누어 보여주다가 말을 타고 다리는 쇠메일행과 태자로 가장한 마차를 화면의 구심점이 명백한 대각선구도와 사선구도로 선택하곡 원근투시변화를 강하게 조성하면서 형상하는가 하면 앙감에서 부감으로 속도있게 이전하여 달리는 이들의 모습을 근경과 전경, 원경화면들로 련속 폭을 넓혀 력점을 찍어줌으로써 주인공의 정세계를 뚜렷이 도출시키고 있다. 창작자들은 이 대목에서 매 화면의 중심을 모두 파괴시키면서 사선구도속에서 인물들의 행동과 조상을 보다가 대각선구도로 대상의 종적움직임을 확대 과장하기도 하고 화면크기 변화도 근경, 전경, 원경으로 시원하게 폭을 넓혀 묘사함으로써 장면의 내용을 링상깊게 보여주고 있다. 시점과 각도 구도의 변화를 크게 준 이러한 시작효과는 난관앞에서 주저하지 않고 맞받아나가는 주인공의 사상적각오와 억척같은 의지를 밝혀낸 형상인 것이다.[25]

북한 아동영화의 크레딧에는 연출보다 '영화문학' 스태프가 가장 먼저 등장을 하고 있는데 이것은 예술성보다 사상성, 즉 종자를 중시하는 북한 문학의 특성이 반영되어 있다. 작품들의 크레딧을 검토해보면 촬영과 음악, 지휘는 독자적으로 전문화가 되어 있지만 영화

25) 한호준, 「볼맛있는 시각효과로 작품의 내용을 부각시킨 화면형상」, 『조선예술』, 2018.5. 73-74쪽.

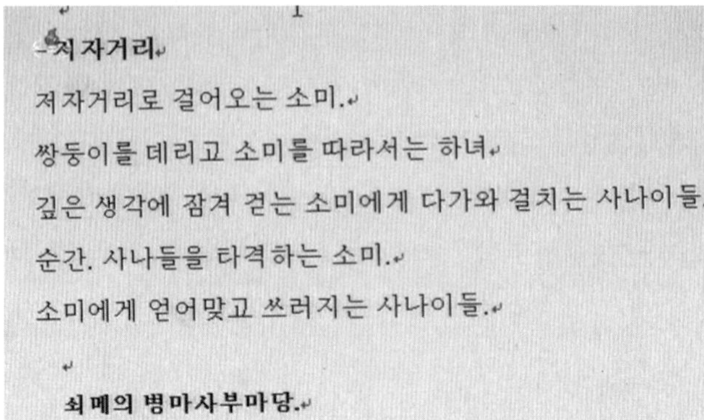

지 자거리

저자거리로 걸어오는 소미.

쌍둥이를 데리고 소미를 따라서는 하녀

깊은 생각에 잠겨 걷는 소미에게 다가와 걸치는 사나이들.

순간. 사나들을 타격하는 소미.

소미에게 얻어맞고 쓰러지는 사나이들.

쇠매의 병마사부마당.

그림 41. [소년장수] 영회문학(시나리오)

문학과 연출, 책임미술은 동일한 사람이 넘나들면서 담당을 하고 있다. 주로 미술을 담당하다가 연출로 진출하고 연출력을 인정을 받으면 영화문학까지도 진출하는 것을 보면 영화에서 영화문학이 가장 중요한 직책임을 알 수 있다. 하지만 『소년 장수』 엔딩 크레딧을 살펴보면 이들 중 연출가 손종권은 30부에서, 미술의 김택전[26)]은 20부에서, 지휘의 김병선은 17부에서 공훈예술가 칭호를 수여 받고 활동한 것을 볼 때 『소년장수』는 주요 제작진들과 주목받고 있는 제작진들의 동향을 살필 수 있다는 점에서 정보를 제공하고 있다. 하지만 예술영화와는 달리 아동영화의 스테프진들에 대한 정보는 거의 접할 수 없는 실정이므로 아동영화의 영화문학가와 연출가들의 정리가 요구되는 상황이다.

---

26) 김택전은 사망하였다. 그의 사망시기는 북한에서 밝히지 않고 있어 확인할 수 없다.

3.『소년장수』와 《불멸의 력사》와의 영향관계

『소년장수』는 평범한 고구려 소년이었던 쇠메가 장수가 되기까지의 성장과정과 장수가 된 이후 외적을 물리치는 이야기이다.

1-12부까지는 외세의 침입을 막다 전사한 아버지의 유지를 받들어 장수가 되기 위해 무술을 단련하여 장수되는 과정과 장수가 된 후에 고난과 역경 속에서 추장과의 전투를 승리로 이끄는 과정이 그려져 있으며, 13부-20부까지는 청송 방어사가 된 쇠메가 성을 방어하는 과정에서 진정한 장수로 성장하는 모습이 그려져 있다. 21부-50부까지는 도래성 방어사로 간 쇠메와 쇠메친구인 국화와 바우의 활약과 웅거, 예동이, 범동이, 달래의 성장과정과 죽음, 고구려를 원수로 알고 자란 미라의 변화를 그리고 있으며, 쇠메의 원수인 호비의 죽음을 통해 고구려를 위협하던 세력을 소탕하고, 외세로부터 고구려를 지켜내는 과정이 그려져 있다.『소년장수』의 주인공 쇠메는 완성된 과거형적 영웅이 아닌 완결 지향이라는, 즉 성장하여 영웅이 된다는 점에서 혁명적 대작 구조를 보이고 있어 형식적인 측면에서『소년장수』와 총서 《불멸의 력사》는 구별된다. 그러나『소년장수』와 총서《불멸의 력사》

그림 42. 장수가 되기 위해 무예 연마에 힘쓰는 쇠메

그림 43. 어머니로부터 돌아가신 아버지의 장검을 받는 쇠메

는 쇠메와 김일성이라는 주체가 외세의 침입을 받은 혹은 강점당한 조국 즉 대상을 구하기 위해 수신자이자 보조자들의 도움을 받아 적대자들과 전투를 벌이고 승리한다는 구조면에서 유사성을 보인다. 『소년장수』는 구조적인 면 이외에 내용적인 면에서도 총서 《불멸의 력사》에 원형을 두고 있는데 일례로 『소년장수』1-2부와 김일성의 소년 시절을 그린 《불멸의 력사》1권 『닻은 올랐다』의 서사 구조를 비교해보면 다음과 같이 동일한 구조를 띠고 있음을 알 수 있다.

① 『소년장수』 <아버지의 장검>1부, <사냥경기>2부: 위기극복(전쟁승리)- 시련(아버지의 전사)- 무술훈련- 모색(수렵대회 출전)

② 『닻은 올랐다』: 위기극복(아버지의 탈출) -시련(아버지의 죽음)- 군사 훈련(화성의숙)- 모색 (〈ㅌ.ㄷ 동맹〉 조직)

『소년장수』의 1-2부는 서사구조 뿐만 아니라 내용 면에서도 김일성의 어린 시절과 유사한 내용을 보인다는 점에서 《불멸의 력사》의 영향을 받았다고 할 수 있다. 먼저 『소년장수』1-2부에서 묘사되고 있는 쇠메의 아버지 춘범이 남긴 장검이 쇠메에게 전해지는 과정은 총서《불멸의 력사》1권 『닻은 올랐다』와 닮아 있다. 아래의 인용문은 『소년장수』가 김일성의 이야기를 차용하여 변주하고 있다는 것을 잘 보여주는 예이다.

① 『소년장수』

국화할아버지: 쇠메아버지가 전장에서 숨을 거두면서 보낸 칼일세 춘범의 뜻대로 쇠메를 나라의 여엿한 장수로 키우자고 (『소년장수』1부 「아버지의 장검」)

어머니: 아버지가 너에게 주시는 장검이다. 아버지는 나라를 지켜 원쑤와의 싸움에서 나라를 지킨 장수다 부디 아버지의 뜻을 지켜다오.(밑줄- 인용자, 『소년장수』1부 「아버지의 장검」)

② 《불멸의 력사》1, 『닻은 올랐다』

(……) 나라가 독립되면 당신이 성주를 앞세우고 만경대로 돌아가오. 그날 우리 가정이 행복하게 사는것을 볼수 있게 독립되면 내 무덤을 만경대에다 옮겨주오. 무슨 일이 있어도 성주를 중학까지 보내야 하오. 그리고 성주가 커서 투쟁의 길에 나설 때 이 총을 주도록 하오.》 선생님께서는 베개밑에서 붉은 천으로 감싼 권총 두자루를 꺼내시였다. 《아버지의 뜻을 꼭 잇도록 성주를 키우겠습니다.》 강반석 어머님께서는 남편의 간절한 기원이 담긴 두자루의 총을 가슴에 꼭 품어안으시며 떨리는 목소리로 말씀하시였다.(……) 《나는 뜻을 이루지 못하고 간다. 그러나 너희들을 믿는다. 너희들은 언제든지 나라와 민족의 몸이라는것을 잊어서는 안된다. 뼈가 부서지고 몸이 쪼개지는 한이 있더라도 나라를 반드시 찾아야 한다!》[1] (밑줄- 인용자)

③ 『세기와 더불어』1

그날 어머니에게 남긴 아버지의 유언은 이런 말씀으로 시작되였다. 아버지는 늘 차고 다니던 권총 두 자루를 어머니에게 주면서 이렇게 부탁하였다. "내가 죽은 다음 이 총이 나지면 재미가 없으니 땅속에 묻었다가 성주가 커서 투쟁의 길에

1) 김정, 『닻은 올랐다』, (평양: 문예출판사, 1982), 207-210쪽.

> 나설 때 주도록 하오" (…) "나는 뜻을 이루지 못하고 간다. 그러나 너희들을 믿는다. 너희들은 언제든지 나라와 민족의 몸이라는 것을 잊어서는 안된다. 뼈가 부서지고 몸이 쪼개지는 한이 있더라도 나라를 반드시 찾아야 한다." 나는 소리를 내여 목놓아 울었다. 아버지의 서거는 나의 마음속에 잠재하고 있던 망국의 설음을 한꺼번에 폭발시키였다.[2] (밑줄- 인용자)

위의 인용문에서 알 수 있듯이 쇠메가 아버지의 유언과 함께 물려받은 장검은 김일성이 아버지 김형직이 남긴 총을 물려받는 장면에서 변주된 것처럼 보인다. 그러나 이 이야기는 고구려를 떠나기 전 아내에게 부러진 칼을 남기는 주몽의 행위와 중첩된다. 즉 김형직의 일화가 고구려 건국담의 원형에서 변주되었음을 보여준다. 고구려 건국신화에서 변주된 김일성의 일화는 다시 쇠메의 이야기를 통해 재구성되고 있는 것이다. 『소년장수』 1부는 검이라는 증표 이외에도 이규보의 『동명왕편』에서 보이는 주몽의 괴력담이 차용되고 있다. 어린 주몽이 왕자들의 시기로 나무에 묶이자 묶인 채로 나무를 뽑아들고 집으로 돌아오는 장면을 호비와 쇠메와의 관계로 치환함으로써 쇠메가 보통 인물들과는 다른 능력이 있음을 보여준다.

북한은 다부작 아동영화 『소년장수』를 우리 민족 제일주의 본보기 작품으로 칭하고 있다. 『소년장수』는 50부작을 넘어가며 소년이 아닌 장수로서의 면모를 보여주고 있다. 이 작품의 주요인물은 다음과 같다.

2) 김일성, 『세기와 더불어』1(평양: 조선로동당출판사, 1992), 110-117쪽.

<표 11>『소년장수』 주요인물

	쇠메 주인공으로 외적의 침략을 막아내고 도래성 방어사가 된 된다.
	쇠메의 어머니 남편 춘범을 전장에서 잃고 쇠메를 장수로 키워낸다.
	국화할아버지 이리를 구하려다 호비의 창에 맞아 죽는다.
	호비 쇠메에게 접자였던 아버지를 잃고, 쇠메에게 복수하는 것이 그의 일생의 과업이다. 쇠메를 괴롭히는 가장 큰 적이며, 쇠메가 아끼는 것을 하나씩 빼앗는 절대 악인이며, 죽지 않는 불사신으로 등장한다. 쇠메의 숙적으로 미를 짝사랑하고 있었는데 65부에 결혼하여 두 쌍둥이 아들을 낳는다.
	백고 호비의 아버지 추장의 첩자로 쇠메의 손에 죽는다.
	백고의 연락원 춘범을 죽인 쇠메의 원수이다.
	비형장 구덩이에 빠진 쇠메를 구하려고 날아오는 화살을 온몸으로 막아 쇠메를 지킨다.
	국화 쇠메의 소꿉친구. 국화는 나중에 자신이 돌탄국 공주였음을 알게 되 결혼이 파탄나지만 후에 쇠매와 결혼한다.
	달래 예동이와 날새에게 무술을 가르친다. 칼과 단도를 잘쓴다.

	바우 바우는 동네형으로 해적단에 잠입한 바우는 해적이 되어 첩보활동을 하면서 쇠메를 돕다가 사망한다.
	차돌이 쇠메와 국화의 소꿉친구.
	범동이 호랑이를 다루는 소년. 36부에서 호랑이들과 함께 죽는다.
	예동이 비형장의 아들. 채찍을 잘 쓴다.
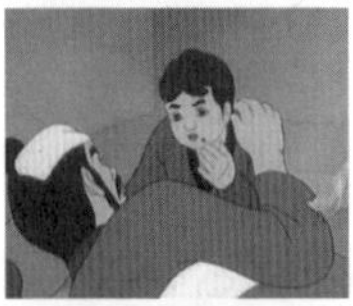	날새 몸이 재고 날쌔다. 쇠메의 주변인물들 중 가장 나이가 어리다. 75부에서 연지의 꼬임에 넘어가 고구려를 배신하게 된다. 북한 인공지능연구소가 만든 스마트폰 게임 '날새의 탈출'이라는 캐릭터 게임의 주인공이기도 하다.
	웅거 석공의 아들로 냉정하면서도 예리한 판단력을 지닌 웅거는 모함이나 쇠메의 의심에도 아랑곳 하지 않고 자신의 책임을 묵묵히 다하는 인물이다.
	미라 50부 이전에는 악역이었으나 50부 이후 쇠메 어머니의 극진한 보살핌에 아군이 된다. 아버지를 찾아 쇠메네 집을 떠난 후 수불과 재회한다.
	수불 미라의 양아버지. 장사꾼이었으며 시둑이라는 부하를 데리고 있다. 83부에서 호두에 의해 사망한다.
	운도

	충무(천둥이) 쇠메의 맏아들
	이리 그림자의 아들. 쇠메에 아버지를 잃고 재물을 탐하여 추장과 호비를 옥에서 탈옥시킨다. 척발이와 함께 다니며, 후에 해적이 된다,
	소경추장 소경처럼 눈을 감고 다녀 소경추장으로 불린다. 소경이 아니고 소경 흉내를 내는 것으로 20부에서 쇠메와 대결하다 사망한 것처럼 보였으나, 54부에 살아있었고 62부에 칼에 찔려 죽는다.
	아미 소경추장의 딸. 20부에서 국화의 칼에 맞아 사망
	척발이 추장의 부하로 대장이었디. 추장이 죽지 소경추장에게 몸을 의탁한다.
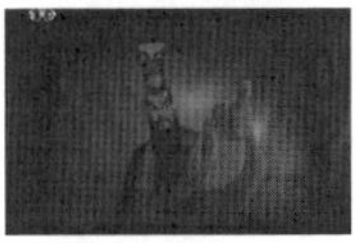	서국왕 고구려를 칠 생각을 한다.
	돌탄국 왕자 서국에 납치된다.
	운충 수박회 총수. 대장군의 아들이다.
	소미 대장군의 딸, 운총의 동생으로 무술이 출중하다.
	연무 태수이며, 국상이다. 수불에 의해 어머니가 죽임을 당하고 자신도 죽을 번하나 살아남아 국상이 된다.

	거갈 추장
	백운 대장군 소국사신 국상을 빼앗긴 것을 원통해한다. 쇠메가 목숨을 구해준적이 있다. 국상과 쇠메를 이간시켜 쇠메를 자신의 편으로 삼으로려 한다.
	시내 예동이 딸. 무사가 되고자 한다.
	호비의 쌍둥이 첫째아들
	소두 호비 쌍둥이 둘째아들
	사자족장 거갈추장을 몰아내고 거갈국을 접수하라는 서국 사신의 꾐에 빠져 충무와의 대결을 벌이다 87부에서 죽는다.

『소년장수』 1-2부가 쇠메가 장수로서 비범성을 증명하는 과정이라면 3-20부까지는 그가 장수로 성장하는 모습을 그리고 있다.

3-20부는《불멸의 력사》중 2-5권에 해당하는 내용이 담겨져 있다.《불멸의 력사》2-5권에는 김일성이 민족주의자들과 제휴 또는 결별하는 모습이 그려지고 있는데 『소년장수』 3-20부는 민족주의자들의 모습을 장군과 수하 장수들의 모습으로 치환하고 있다. 이 밖에도 내용의 유사성은 김일성과 마찬가지로 주변 인물들의 쇠메에 대한 맹목적인 신뢰에서도 찾을 수 있다. 김일성은 공산주의 사상의 문제와 〈ㅌ.ㄷ 동맹〉조직으로 자신이 속한 조직인 화성의숙과 결별한다. 그러나 이

그림 44. 장수가 된 쇠메

그림 45. 전투중인 쇠메

러한 사상적 결별에도 불구하고《불멸의 력사》에서 민족주의자들이 김일성을 조국을 구원할 민족의 태양, 나라의 기둥으로 우러르며 섬기는 것처럼『소년장수』에서도 작품의 주변 인물들은 아무런 의심 없이 주인공 쇠메를 모두 나라의 기둥이 될 인물로 믿는다는 점이다. 이것은 호비에게 속아 쇠메를 의심하고 가두었던 비형장이 쇠메가 납치된 어머니를 구하기 위해 적지에 뛰어들자 그를 구하러 떠나면서 "이 한 목숨 받쳐 나라의 기둥을 구할 수 있다면 무엇이 아까우리오."(7부)라고 읊는 대사 속에서도 쇠메에 대한 맹목적인 신뢰를 확인 할 수 있다. 뿐만 아니라 비형장이 구덩이에 빠진 쇠메를 구하려고 날아오는 화살을 온몸으로 막아 쇠메를 지키는 모습이나, 석공 노인은 쇠메를 겨눈 화살을 대신 맞음으로써 그의 목숨을 구하는 장면 역시 총서《불멸의 력사》3권『은하수』의 경주나 한영희의 형상과 유사하다.

그 외에도 국화는 물론이고 날새, 범동이, 웅거도 쇠메의 보위에 힘쓴다는 점에서 '주체형공산주의자'의 면모를 보인다. 주변 인물들이 이처럼 쇠메를 나라의 기둥으로 믿는 것은 마을 사람들을 위해 자신을 희생한 쇠메아버지 춘범의 권위 때문이다. 쇠메는 아버지의 전사 후 무술 단련을 통해 수렵대회(2부)에 출전한다. 그리고 수렵대회에서 호랑이를 잡아 장수가 지녀야할 대범함과 판단력, 전투능력을 증명하

그림 46. 호비

고 장수의 자질을 인정받는다. 그러나 그가 장수로 추대되고 장수로 인정을 받는 과정을 보면 그의 전투 능력보다는 쇠메가 춘범의 아들이기 때문에 당연히 장수가 되어야한다는 암묵적 약속이 더 크게 작용하고 있다. 이것은 김일성이《불멸의 력사》 1-3권에서 아버지 김형직의 후광으로 이데올로기가 다름에도 불구하고 타 종파의 거물들에게 신뢰를 받는 것과 다르지 않다.

3부-20부가 기존의 장수들과의 갈등 속에서 성을 방어하는 쇠메의 모습이 그려지고 있다면, 21부- 49부까지는 쇠메의 영향을 받으며 성장하는 예동, 날새, 범동이의 이야기가 주를 이룬다. 21부- 49부는 쇠메의 이야기에서 주체형공산주의자와 항일유격대의 면모를 보이는 바우, 웅거, 예동, 날새, 국화 등의 이야기로 전환되어 각 권마다 김일성 이외의 인물을 주인공을 다루고 있는《불멸의 력사》와 같은 구조를 보인다. 《불멸의 력사》 2-5권의 주 내용은 김일성이 '주체형공산주의자'를 규합하는 과정, 그들의 활동과 죽음이다. 『소년장수』 21부-49부는 공을 인정받아 도래성 방어사가 된 쇠메가 자신의 측근들을 규합하는 과정과 그들의 활동 그리고 죽음이 그려져 있는 점에서 내용과 구조 그리고 인물들의 형상에서 《불멸의 력사》를 원형으로 삼고 있음을 알 수 있다.

먼저 21부~49부까지 등장하는 인물들의 형상을 살펴보면 감정적인 쇠메와는 달리 소꿉친구이자 형인 바우는 이 작품에서 차가운 이성과 뜨거운 심장을 동시에 지닌 가장 완벽한 인물로 그려진다. 해적단에 잠입한 바우는 해적이 되어 첩보활동을 하는데 그의 이런 모습은 김일성과 떨어져 개별적으로 공작활동을 했던 김책을 연상하게 한다. 뿐만 아니라 쇠메는 바우를 수하라기보다는 형으로 대우를 하고 의지하는데 이러한 점은 《불멸의 력사》에서 김일성이 유일하게 자신의 고민을 털어놓고 의지하던 상대였던 김책과의 관계와 비슷하다. 웅거의 모습은 차광수가 치환된 것으로 볼 수 있다. 냉정하면서도 예리한 판단력을 지닌 웅거는 모함이나 쇠메의 의심에도 아랑곳 하지 않고 자신의 책임을 묵묵히 다하는 인물이다. 차광수가 '차광수 짱'이라는 폭발물을 발명해내듯이 웅거 역시 솔방울 폭탄을 만들어내는 등 차광수와 비슷한 행적을 보이고 있다.

그림 47. 바우

22부에서 무술시험을 거쳐 도래성의 일원이 되는 예동이, 날새, 범동이, 달래는 항일무장투쟁시기 유격대원들의 모습을 연상하게 한다. 《불멸의 력사》 6-10부에서 유격대원이 되는 인물들이 김일성 부대

그림 48. 예동이

그림 49. 달래

그림 50. 범동이

그림 51. 호비

의 작전 수행에 일정한 도움을 주고 그 대가로 유격대의 일원이 되듯이 『소년장수』에서 범동, 날새, 달래는 쇠메의 작전에 도움을 준 후 일원으로 합류한다. 그들은 쇠메에게 도움을 줌으로서 무술시험을 치러 일원이 될 수 있는 자격을 얻는 것이다. 그리고 고구려를 침범하는 오랑캐는 제국주의 국가가 치환된 것으로, 쇠메를 모함하는 내부의 반역자들은 항일무장투쟁시기의 타 종파의 이야기로 읽을 수 있다는 점에서 『소년장수』가 《불멸의 력사》의 영향 하에서 아동영화로 재창조되었다는 것을 알 수 있다.

『소년장수』 3-20부는《불멸의 력사》는 구조나 내용에서는 유사성을 보이나 주인공의 형상에서 차이를 보인다. 먼저 쇠메와 김일성은 비범성을 표출하는 방식에서 구별된다. 쇠메가 전투 능력을 통해 지도자의 자질과 비범성을 표출한다면《불멸의 력사》에서 김일성의 비범성은 논쟁과 인품을 통해 드러난다. 『소년장수』와 《불멸의 력사》의 가장 큰 차이는 지도자를 그리는 방식에서 발견된다. 《불멸의 력사》에서 김일성이 시간을 초월하고 있으며, 성장하지 않는 무오류적 지도를 펼칠 줄 아는 인물로 등장한다면 도래성 방어사로 가기 전인 20부까지의 쇠메는 오류를 통해 성장하는 모습을 보인다는 점이다. 7부 「어머니를 찾아서」와 8부 「통첩장의 비밀」에서 납치한 어머니를 죽이겠다는 협박장에 장수의 신분을 잊고 효심 하나로 어머니를 구하러 적진에 뛰어들었다가 사로잡힌 쇠메는 어머니의 질책 속에서도 자신이 무엇을 잘못했는지를 깨닫지 못한다. 그러나 자신을 구하러 온 고구려 군사들과 비형장의 죽음에 어머니를 구하지 못한 채 성으로 돌아서면서 어머니의 질책의 뜻을 읽는 쇠메의 모습이나, 14부 「불타는 성」과 15부 「축성도」에서 청송의 방어사가 된 후에도 무너진 성벽만 걱정하면서 방어부사에게 속아 석공을 의심하고, 적들로 하여금 성을 불태우게 만들거나, 직언을 하는 웅거를 가두는 오류를 범하는 쇠메는 장수로서 단련되지 못한 모습으로 그려진다. 감정을 앞세워 분별없는 행동하는 쇠메는 단련되지 않은 지도자의 모습이다. 오히려 쇠메보다 해적에게 사로잡혀 벙어리가 된 국화나 위기에 처한 달래를 보면서도 냉정하게 대처하며 상황을 정확하게 판단하는 형이자 친구 바우, 그리고 대의를 위해 치욕을 참을 줄 아는 나이어린 웅거가 오히려 쇠메보다 성숙한 모습으로 그려진다. 쇠메가 보여주는 오류는 "시간을 초월하는 존재로 머물며 역동적 시간을 평면화시킴으로써 원근감을 희석시키"[3)]는 소설 속의 김일성과는 달리 인간미를 부여하고 있으며 시간을 역동적으로 흐르게 하고 있다.

3) 김은정, 「총서와 인물유형」, 『상허학보』, 24집(2008.10), 52쪽.

『소년장수』가 항일무장투쟁시기의 김일성을 형상화하고도 있음에도 노골적으로 혁명전통을 형상화하지 않은 것은 북한이 "만화로 혁명전통을 형상화할 경우 그 형상은 왜소화되고 진실성을 잃어버릴 수 있다는 이유로 지금까지 혁명전통을 주제로 한 만화영화 제작을 기피해 왔기 때문이다."[4] 따라서 주인공인 쇠메가 절대자인 김일성과는 달리 성장을 보이는 것은 아동들의 교육을 목적으로 아동영화의 특성 때문이라 할 수 있다. 교육을 목적으로 한 아동영화의 특성을 감안한다 하더라도 쇠메의 오류와 좌절을 통한 성장은 수령을 형상화한 북한 문학예술에서는 보기 드문 예이다. 그렇다고 해서 쇠메의 오류와 좌절을 북한의 지도자상의 변화 가능성을 보여주는 예로 보기는 어렵다. 20부 이후 쇠메의 성장이 멈추면서 그 형상이 왜소화되기는 하지만 북한의 지도자상을 보여주고 있기 때문이다. 『소년장수』에는 한 개인의 역능에 좌우되는 신화시대의 지도자상과 정치적 실천의 '주체'로서 인민과 제휴하는 지도자상이 복합적으로 드러난다는 점에서 《불멸의 력사》의 김일성의 모습과 다르지 않기 때문이다. 따라서 『소년장수』에서 나타나는 쇠메의 오류는 아동영화의 매체적 특성과 대상이라는 제한된 관계 안에서의 특성과 시도 정도로 보는 것이 적합할 것이다. 그러나 비록 정치와 매체의 이분화된 의미라 할지라도 아동영화에서 이러한 시도를 감행하고 있는 점은 북한 사회 내의 완화라는 측면에서 중요한 의미를 가질 것으로 보인다.

20-50부는 각 권마다 김일성 이외의 작품의 주인공이 서사 전반을 이끌어가는 《불멸의 력사》처럼 바우, 예동, 국화, 달래, 범동, 미라라는

4) 최근에는 기존의 입장을 철회하고 4·26아동영화촬영소가 김정일 일가의 영도업적을 반영한 교육용 만화영화 제작을 위해 준비 작업을 하고 있다. 그러나 이 만화영화는 기존의 훈육과 교육이 아닌 사상교육 목적이라는 취지를 분명히 하고 있다. 김은정, 「북한 아동영화의 현황과 애국주의: 『아금랑』을 중심으로」, 『외국문학연구』30호(2008.5), 32쪽.

인물들 서사를 이끌어 간다는 점에서 총서의 구조에 충실하게 다가가 있다. 그런데 10-30분이라는 짧은 시간의 제약 때문인지 각 부의 주인공에 초점이 맞춰져 극이 진행되면서 극 전체의 주인공인 쇠메가 등장하지 않거나 역할의 축소 또는 배경화되어 그려지면서 그의 존재감이 희미해지는 점은 《불멸의 력사》와 구별되는 점이다.

『소년장수』에서 주인공의 존재감 없음과 측근을 규합하는 모습에서 드러나는 도식성은 극의 활력을 떨어뜨리는 요소로 작용하는데 여기에 활력을 주는 인물이 호비이다. 1부에서부터 부정적 인물로 등장하는 호비는 1-12부까지는 고구려를 멸망시킬 목적 때문에 쇠메와 대립하지만 아버지가 사망한 13부부터는 쇠메에게 원수를 갚을 목적으로 고구려를 위협하는 일에 가담한다. 호비는 작품 전체에서 쇠메를 괴롭히는 가장 큰 적이며, 쇠메가 아끼는 것을 하나씩 빼앗는 절대 악인이며, 죽지 않는 불사신으로 등장한다. 여기서 흥미로운 점은 호비를 쇠메가 직접 처단하지 않는다는 점이다. 대립하는 인물들이 전투중이나 쇠메와의 대결 중에 사망하는 것과는 달리 호비는 50부에서 전투에서 패하고 도망치다 실성을 해 실족하여 벼랑에서 떨어져 죽는 것으로 처리된다. 그런데 절대 악인은 굳이 손에 피를 묻히지 않아도 하늘이 벌한다는 권선징악적 교훈이 진부해 보이지 않는다는 것이다. 호비의 죽음을 통해 절대군주제의 유산인 법집행(무차별 살해)와 순수한 조국해방전쟁과는 구별되어야 한다는 점을 보여주고 있기 때문이다. 쇠메는 호비의 처결을 '가치'의 문제로 규정한다. 50부에서 '죽일 가치도 없는 불쌍한 인간이다'라는 쇠메의 말은 그의 인품과 지도자의 자질을 보여주는 예도 되지만 처벌의 일환인 처단과 감정적 무차별 살해를 구별함으로써 그들이 수행하고자하는 전쟁의 정당성을 확보하고 순수성을 훼손하지 않으려는 의도로 보인다. 욕망이 성취되려는 순간 그것이 무너져 버림으로써 절망 끝에 현실을 감당하지 못하고 미쳐버리는 호비의 짧지만 강렬한 내면 묘사와 죽음은 적의 종말을 대결 후의 패배 그리고 처단으로 귀결 짓던 기존의 상투적 구성에서 탈피하고 있음을 보여준다.[5)]

총서 《불멸의 력사》가 북한 내에서 얼마나 많은 독자층을 확보하였는지는 확인하기 어렵지만 문학으로써 대중적 향유는 어려웠을 것이라 판단된다. 총서의 한권의 분량이 600-800페이지를 육박하고 있으며 항일혁명사를 내용으로 하고 있어 역사서의 변용이라는 측면에서 교양서로의 기능은 가능했겠지만 대중성을 확보하기 힘들었을 것이다. 따라서 북한의 정통성 구축과 인민교양의 목적으로 창작된 총서 《불멸의 력사》가 교양서로서 목적과 생명을 유지하기 위해서는 매체의 다변화를 통한 재창조가 필요했을 것이다.

총서의 재창조는 영화에서부터 시작된다. 예술영화 『조선의 별』과 아동영화 『소년장수』는 북한에서 대중들의 호응을 이끌어 냈다. 특히 『소년장수』는 북한 아동영화가 지니는 예술성과 강한 오락성으로 정치성을 희석시켰음에도 불구하고 교육적 효과를 확보하고 있다는 점에서 재창조에 성공한 사례라 볼 수 있다. 『소년장수』의 성공은 화석으로 존재하는 총서 《불멸의 력사》에 생명력을 주는 역할을 한다. 이것은 북한 아동영화가 지니는 장점에서 찾을 수 있는데 『소년장수』의 강점은 《불멸의 력사》를 염두에 두지 않고 본다면 편안하게 만화영화로 즐길 수 있다는 것이다. 이처럼 『소년장수』는 북한의 매체의 활용의 한 측면을 볼 수 있다는 점과 총서 《불멸의 력사》의 변용양상을 확인하게 한다는 점에서 의미를 지니는 작품이라 할 수 있다.

5) 50부 이후 죽음으로 처리됐던 호비가 다시 살아나 북한 내에서도 비판 여론이 많았다. 이에 대해 김정은도 긴장감이 떨어진다고 비판한 것으로 알려져 있다.

4. 『소년장수』에 나타난 민족주의 담론

현재 북한은 정통성을 항일무장투쟁에서 고조선까지 소급하여 공동체 의식에 정당성을 부여하고, 단일민족의 우월성을 자극함으로써 위기를 극복하고 미래를 보장받으려 하고 있다. 『소년장수』의 배경을 고구려로 설정한 것은 민족적인 소재를 선호하는 민족적 정서와 부합하는 경향성과 봉건왕조 중 고구려가 북한이 유일하게 긍정적인 평가를 하는 나라이기 때문이다.

> 고구려는 우리 력사상의 봉건국가들 가운데서 가장 국력이 강하였고 가장 넓은 령역을 포괄하고있었던 나라이다. 고구려는 조선의 중부이북지방과 료하, 송화강류역의 광대한 지역에 걸쳐있었고 백제, 신라와 함께 세나라로 불리웠으나 그 령토는 두나라를 합친것보다도 더 넓었다. (……) 고구려는 국력이 매우 강대하였으므로 그 통치배들속에서도 사대주의가 없었다. 고구려는 611년이후 계속된 수나라의 대규모적인 침략도 성과적으로 물리쳤다. 고구려인민들은 을지문덕의 지휘하에 용감히 싸워 침략자들에게 거듭 참패를 주고 빛나는 승리를 달성함으로써 그 위력을 대외적으로 시위하였다.(밑줄- 인용자 『력사사전』 109쪽.)

위의 인용문에서 알 수 있듯 고구려는 지리적인 면에서나 역사적인 면에서 과거 봉건 왕조 중 가장 강성했으며, 제국을 지향하며 민족적 자존심을 지키고 사대주의가 없었던 나라로 기억되고 있어 심리적 거리가 가장 가깝다.

또한 북한이 고구려라는 옛 과거를 호명하여 고구려 정신으로 민족의 정체성을 확립하려는 이유는 다른 민족과의 경쟁에서 승리한 경험이 있는 역사상 가장 강대국이었던 고구려인의 민족의식을 통해 공산주의자의 도덕성을 아동들에게 훈육하기 위함이며, 제국을 지향했던 고구려를 북한이 추구하고 달성해야할 목표의 모델로 삼고 있기 때문이다.

하지만 최종목적은 국가 정책과 '공산주의 인간 교육'이라는 교육목적에서 있다. 민족유산을 낡은 것으로 치부하던 북한이 앞의 <표 1>에서 살펴보았듯이 1985년부터 민족문화유산 계승의 문제에 대해 고민하기 시작한다. 레닌-마르크스주의 노선에서 '낡은 것'이었던 문화유산이 유일체계로 전환되면서 국가의 정통성 확보와 함께 보존·계승발전 시켜야할 것으로 변화한 것이다. 특히 고구려는 북한에 산재한 문화유산을 통해 민족을 강조하기에 더없이 좋은 도구였다.

북한이 '민족주의'의 복원을 기획한 것은 주체사상의 탄생에서부터라 할 수 있다. 국가 이데올로기에 반하는 '민족주의'가 '주체사상'에 의해 설 자리를 확보한 것이다. 그러나 '민족주의' 복원은 매우 민감한 사항으로 북한은 단계를 거쳐 복원을 시도한다. 민족(nation)이란 역사적 발전과정을 통해 혈연, 지연, 지리적 공동체가 만들어낸 가장 넓은 의미의 사회적 단위이다. 서구의 민족·민족주의는 근대국민국가 건설과 자본주의 산업화에 바탕[1]을 두고 있었기 때문에 마르크스·엥

1) 민족주의가 근대적 정치이념으로 등장한 것은 시민혁명에 의해서였으며, 시민혁명의 전형이 된 1789년의 프랑스혁명은 그 역사적인 계기가 되었다. 프랑

겔스는 민족을 부르주아가 국가권력을 장악하고 사회를 자본주의적으로 생산양식화 시키면서 생겨난 사회 발전의 부산물로 인식하여 민족문제를 계급투쟁 속에 종속시켰다. 레닌 역시 민족이나 민족 문제를 전술적 측면에서 접근하여 사회주의 승리의 종속 개념으로 보았다.[2] 이러한 이론적 전통은 레닌-마르크스주의노선 하의 북한에서도 그대로 적용된다. 북한의 『철학사전』은 민족주의에 대해 다음과 같이 규정하고 있다.

> 《전민족적 이익》을 내세우면서 자기 민족 내의 부르조아지의 이해관계를 합리화하는 사상. 부르조아지는 자기의 협애한 계급적 이익을 민족의 이름으로 옹호하며, 자기 민족에 대한 부르조아지의 지배권을 확립하고 고수하기 위하여 민족주의를 주장한다. 민족주의는 민족적 봉건적 억압과 경제적 분산성을 없애고 민족적 통일과 민족경제의 자본주의적 발전을 지향한 부르조아민족운동시기에 신흥 부르조아지의 계급적 이해관계를 반영하여 나왔다. 신흥 부르조아지는 자기의 계급적 이해관계의 실현에 봉건적 및 민족적 억압을 받고 있던 광범한 민주주

스혁명은 봉건적 계급을 상실해 가고 있던 특권계급, 부와 교육을 통해 부상하고 있던 부르주아지, 농노제를 벗어나고 있던 농민층, 그리고 도시의 인민대중 등의 세력이 기존 봉건적·절대적 질서에 대항하고 '주권 재민'을 천명하기 위해 정치적으로 제휴한 산물이었다. 프랑스혁명을 통해 제휴세력들은 하나의 민족으로 거듭나게 되었고, 이들의 이질적인 열망과 의도는 민족주의라는 근대적 정치이념으로 결집되었다. 민족주의는 나폴레옹 시대를 거치면서 민주주의·민중주의 원리를 내포하게 되었으며, 민족주의는 민족이라고 자각하는 사람들이 자기 민족의 통일과 독립, 자유와 발전을 추진시키려는 사상이나 운동으로 발전하게 되었다. 민족은 근대라는 사회·역사를 지나면서 결집된 실체이며, 민족주의는 민족운동이 표방하는 정치적 신조로서 '만들어진 지배이데올로기'의 성격을 띠게 된 것이다. 김창근, 「북한 지도부의 민족·민족주의 담론」, 북한연구학회 편, 『북한의 정치』2(서울: 경인문화사, 2006), 81쪽.

2) 레닌은 민족자결권 획득을 위해 프롤레타리아 국제주의를 중심으로 민족간 노동자들이 단결·연대해야한다고 주장한 것에서 잘 드러난다. 레닌, 「사회주의 혁명과 민족자결권」, 『마르크스-레닌주의 민족이론: 민족해방이론의 주체적 정립을 위하여』, 칼.맑스 외, 편집부 편역, (서울: 나라사랑, 1989), 200-204쪽.

의역량을 끌어들일 목적 밑에 민족주의를 들고 나왔다.(……) 민족주의는 또한 대외적으로 자기 민족의 ≪우수성≫ 을 주장하면서 다른 민족을 멸시, 적대시함으로써 민족적 불화와 모순을 격화시킨다. 민족주의는 결국 계급적 모순을 은폐하고 노동계급이 자기의 근본이익을 위해 투쟁할 수 없게 하며, 다른 나라에 대한 침략과 약탈을 합리화하는 데 복무한다. (『철학사전』, 252쪽.)

위의 인용문과 같이 북한은 민족주의에 대해 부정적으로 인식하고 있다. 그럼에도 『소년장수』에서 민족주의가 노골적으로 강조되고 있는 것은 정치·역사적으로 1986년 '조선민족제일주의'를 통해 민족이 복원되었기 때문이다.[3] 조선민족제일주의는 김정일이 1986년 1월 3일 조선로동당 중앙위원회 책임일군들 앞에서 한 연설 「당과 혁명대오의 강화발전과 사회주의경제건설의 새로운 앙양을 위하여」에서 처음으로 등장한다. 이 연설에서 김정일은 "민족허무주의나 사대주의는 다 민족을 망하게 하는 위험한 사상독소로서 민족적자존심과 근본적으로 대립됩니다. 당원들과 근로자들 속에서 민족허무주의와 사대주의를 뿌리뽑자면 민족적자존심을 높이기 위한 교양사업을 강화하여 그들이 조선민족제일주의정신을 가지도록 하여야 합니다."[4]라고 주장한다. 그리고 1989년 12월 28일 조선로동당 중앙위원회 책임일군들 앞에서 한 연설 「조선민족제일주의정신을 높이 발양시키자」에서는 조선민족이 제일인 근거를 다음과 같이 들고 있다.

3) 북한에서 진정한 의미의 민족의 복원은 1991년5월 김정일이 우리식 사회주의를 제창하면서부터이다.

4) 김정일, 『김정일저작선』8, 「당과 혁명대오의 강화발전과 사회주의경제건설의 새로운 앙양을 위하여」 1986년 1월 3일 조선로동당 중앙위원회 책임일군들 앞에서 한 연설(평양: 조선로동당출판사, 2006), 338쪽.

> 우리 인민은 예로부터 한피줄을 잇고 하나의 언어와 문화를 가지고 한강토에서 살아온 단일민족이며 반만년의 유구한 력사와 우수한 문화와 전통을 가지고 있는 슬기로운 민족입니다. 우리 인민은 자기의 근면한 창조적활동으로 훌륭한 물질문화적재부를 창조하면서 자기 운명을 개척하여온 지혜롭고 재능있는 민족입니다.(『김정일 선집』9, 449쪽)

즉 다른 민족적 긍지와 자부심을 가질 수 있는 바탕이 민족적 역사가 바탕이 되어 오래전부터 형성되기 시작하였다는 것이다. 북한이 민족주의를 부정적으로 인식했지만 민족주의를 완전히 지웠던 것은 아니다. 북한은 사회주의적 애국주의라는 개념 아래 민족주의를 감추어 왔다. 김일성이 1991년8월 1일 조국평화통일위원회 책임일군들, 조국통일범민족연합 북측본부 성원들과 한 담화 「우리 민족의 대단결을 이룩하자」에서 "단일민족국가인 우리 나라에 있어서 진정한 민족주의는 곧 애국주의로 됩니다"[5]라고 단언하는 것을 볼 때 애국주의 속에 함의되어 배회하던 민족주의가 '조선민족제일주의정신'이라는 표현으로 완화되어 표면으로 부상하기 시작한 것이다. 즉 1991년 민족주의 복원을 위한 포석으로 '조선민족제일주의정신'을 주창한 것이라 할 수 있다.

북한이 민족주의를 복원한 것은 이데올로기의 변화와 정권의 정통성 확보라는 원인 외에도 1970년대부터 지체현상을 보이던 경제가 80년대 중반부터 현격하게 붕괴해나가기 시작한 데 있다. 따라서 사회주의 건설이라는 목표 아래 승리를 지향해왔던 북한에게 있어 승리에 대한 감격 이외의 인민을 결집시킬 수 있는 요소의 필요성이 대두되었

5) 김일성, 「우리 민족의 대단결을 이룩하자」 조국평화통일위원회 책임일군들, 조국통일범민족련합 북측본부 성원들과 한 담화. 1991년8월 1일. 『김일성 저작집』 43(평양: 조선로동당출판사, 1996), 169쪽.

으며, 북한은 사회주의 실천과정에서 제휴의 대상이었던 민주족의라는 카드를 선택하게된 것이다. 김정일은 부르주아 민족개조의 관점에서 민족에 접근하고 있지만 민족을 계급의 하위개념으로 취급하는 레닌-마르크스이념과는 달리 계급을 민족의 하위개념으로 인식하고 있었던 점[6]이 자연스럽게 '민족자주의식'을 '조선민족제일주의'로 변용 가능하게 하였다. '조선민족제일주의'는 민족의 근본이익과 요구를 반영한 사상의식의 한 형태라는 점, 사대주의, 교조주의, 민족허무주의, 민족배타주의, 민족주의와 근본적으로 대치된다는 점에서 민족자주의식과 다르지 않다. 즉 '조선민족제일주의'는 '민족자주의식'에 우리식 민족주의를 결합하여 사상화 한 것으로 이를 계기로 민족주의가 재호출된다.

문학작품에서 북한 내부의 '민족주의'가 포착되는 것은 천세봉의 『축원』에서부터이다. 그러나 앞에서 지적했듯이 『축원』에서 드러나는 애국주의는 '충실성'이라는 주제 아래 소재로 작동하기 때문에 징후적인 것으로 파악할 수밖에 없었으며 '민족주의' 복원의 기획의도 아래 있었음을 증명하기 어려웠다. 북한에서 '민족주의' 담론이 아동영화를 통해 1980년대부터 본격화된 데 반해 문학작품이나 예술영화에서는 역사소설을 중심으로 한 『리순신장군』(1990), 『주몽』(1997), 예술영화 『임진왜란』1~3부(1991~1995) 등에서부터이다. 이 작품들이 창작·제작된 것은 '민족'복원 직전이거나 직후이다. 즉 『축원』은 총서 『불멸의 력사』와 『소년장수』의 가교 역할을 하고 있는 것이다.

그런데 문제는 북한의 민족에 대한 인식이 1920년대 조선의 민족개념에서 더 나아가지 못하고 있는 점이다. 조선에 수입된 민족의

---

6) 김정일, 「조선민족제일주의정신을 높이 발양시키자」, 조선로동당 중앙위원회 책임일군들앞에서 한 연설 1989년 12월 28일, 『김정일선집』9(평양: 조선로동당출판사, 1997), 443-468쪽 참조.

개념은 서구 제국주의 침략에 대한 근대적 미달 형태로 작용하고 있었다. 따라서 민족에 대한 인식은 민족과 국가가 등치될 수 없었음에도 일제 강점 하라는 당대의 특수한 상황은 민족과 국가의 경계를 일치시켰다. 즉 북한이 호출한 민족은 국가와 등치관계 속에서 설정되고 있다.

과거로부터 호출된 민족주의는 바로 아동영화에 반영되어 1987년 제작된 『소년장수』의 주제가 된다. 『소년장수』는 '조선민족제일주의정신' 아래 사대주의 배격, 민족적 자존심 고취, 애국주의의 내용이 주를 이루며 서사를 진행시킨다. 특히 작품은 민족적 애국심을 자극하는 데 쇠메를 나라의 기둥으로 믿고 키워나가는 어머니, 국화 할아버지, 쇠메를 지키려다 죽음을 맞는 웅거의 아버지, 비형장과 주변 인물들 그리고 국화, 예동이, 웅거, 날새, 쇠메의 친구 바우 등은 애국심을 자극하는 인물들이다. 대본의 치밀함으로 인해 대사가 매우 절제되어 있지만 등장인물의 한마디 한마디는 애국심을 자극한다.

노인: 원쑤의 노예로 값없이 살아왔지만 늦게나마 고구려 사람의 넋을 져버리지 않고 죽었음을 쇠메야 잊지 말아다오.(「복수의 맹세」 4부)

어머니: 쇠메야 너는 고구려의 아들이 나라를 지키고 성을 구하는 일이 더 중요하기에 마지막 남은 이 화살을 너에게 날린다.(「마지막 화살」9부)

어머니: 장하다 내 아들아!

쇠메: 어머니 제가 어찌 장검을 넘겨주신 아버지와 절 장수로 키우느라 갖은 고생다신 어머니의 뜻을 잊겠나이까 저 어머님을 모시고 고구려 장수답게 나라를 지키겠나이다. (「성루의 종소리」10부)

날새: 나라위한 싸움 길에 나이를 가릴 소냐. 작고 연한 물방이 바위를 뚫는다 하였거늘. 애국의 마음 한 숨에 차 넘칠 때 높은 산 칼벼랑도 고개를 숙이리라 (「청룡장도칼」 37부)

위의 인용은 애국주의와 민족주의를 동시에 보여주는 대사들이다. 먼저 노예 할아버지의 대사는 4부「복수의 맹세」의 마지막 장면으로 염탐을 왔다 포로가 된 쇠메를 탈출시킨 후 화형을 당하면서 불속에서 그를 향해 남기는 마지막 말이다. 쇠메를 만나기 전까지 노예 할아버지는 민족적 정체성과 민족적 자존심을 잃고 목숨을 부지하기 위해 비굴하게 살아왔다. 그러나 추장 앞에 끌려와 당당하게 맞서는 어린 쇠메를 보면서 고구려인으로서의 자존심을 회복하며, 자신이 죽임을 당할 것을 알면서도 쇠메를 탈출시킨다. "원쑤의 노예로 값없이 살아왔지만 늦게나마 고구려 사람의 넋을 저버리지 않았음을 기억해달라는" 노예 할아버지의 말, 9부 「마지막 화살」에서 추석에 제사를 지내는 고구려의 장수들에 독주를 먹이려는 흉계를 전하기 위해 탈출한 어머니가 마지막 남은 화살을 자신을 가로 막선 적장이 아닌 쇠메에게 보낼 편지를 꿰어 쏘면서 읊는 대사, 쇠메와 어머니의 대화, 날새가 청룡장도칼을 가진 바우와 접선하기 위해 해적 소굴로 잠입하는 임무를 맡게 되자 걱정하는 어머니를 안심시키기 위해 읊는 시는 앞의 인용문의 '진정한 민족주의가 곧 애국주의'라는 김일성의 말처럼 사회주의적 애국주의를 속에 민족주의적 지향을 녹여내고 있다.

민족적 긍지를 통해 발휘되는 애국주의는 『아금랑』에서와 마찬가지로 『소년장수』에서도 국방의 의무로 확대된다. 국방에서 자위는 한 나라의 정치적 독립과 경제적 자립을 의미한다. 『정치사전』에서는 '국방에서 자위의 원칙을 관철하기 위해서는 자위적 무장력을 가져야 하고 자위적무장력은 근로인민의 아들딸로 조직되어야 하며, 국방에서 자위의 원칙을 관철하기 위해서는 자체의 국방공업을 건설해야 한다.'[7] 고 기술하고 있다. 이 기술에는 '전인민의 무력화'라는 국방에서의 자

7) 『정치용어사전』(평양: 사회과학출판사, 1970), 98쪽.

위의식이 깔려있다.

『아금랑』(1985)과 『소년장수』(1987-1997)는 시간상 2년의 거리를 두고 있으나 흥미로운 비교대상이라고 할 수 있다. 이 두 작품의 출현이 '민족주의' 담론의 변화에 있어서 새로운 방향을 제시하는 역할을 담당하고 있기 때문이다. 『아금랑』은 조선과학교육영화촬영소 아동영화창작단에서 1985년에 제작한 31분짜리 지형영화이다. 『아금랑』에서는 애국주의와 조선 민족의 지혜를 통해 '조선민족제일주의'가 표출되고 있다.[8] 시기상으로 볼 때 1986년 1월 김정일의 교시에 의해 조선민족제일주의'가 호명된 것은 『아금랑』이 '민족주의' 호출의 기획하에 있었음을 보여주는 예이다. 그리고 '민족'이 호출되는 그 중심에 『소년 장수』가 놓여 있다. 『소년장수』가 '조선민족제일주의정신' 아래 사대주의 배격, 민족적 자존심 고취, 애국주의를 중심으로 서사가 진행되며 1997년 강성대국을 지향하며 50부로 끝을 맺기 때문이다.[9]

민족주의는 애국주의를 작동시키고 애국적 희생을 통해 국방에서 자위의 중요성을 강조한다는 점에서 이 작품은 북한이 요구하는 공산주의 도덕교양에 부합하는 작품이라 할 수 있다. 특히 50부에서 외세의 침략으로부터 고구려를 지킬 수 있었던 것은 단군의 후손으로 단일민족인 전인민의 애국심과 희생의 대가이며 이 애국심이 고구려를 강성대국으로 만들었다는 마지막 나레이션에는 1998년 당시 김정일이 제창했던 북한의 강성대국의 욕망이 스며있다. 50부에서 보이는 강

8) '애국주의'를 드러내는 1980년대 아동영화 중 대부분은 국방의 자위를 주제로 하며 '애국주의'를 소재적인 측면에서 다루고 있다.

9) 1987년부터 제작된 『소년장수』 1987년에 1-4부, 1988년 5-8부, 1989 9-10부, 1990년 11-20부, 1991년 21-25부, 1992년 26-32부, 1993년 33-36부, 1994년, 37-40부, 1995년 41-45부, 1996년 46-49부, 1997년 50부로 마무리 한 후 2000년부터 다시 제작을 게재해 현재 93부까지 완성되었으며 현재도 제작이 진행 중인 상태이다.

성대국의 욕망은 이 영화가 제작될 당시의 민족의 근본이익과 요구의 반영에서 민족주의의 가치가 변화했음을 보여준다. 그리고 변화된 가치가 여러 문학예술 중 아동영화에 가장 먼저 반영되고 있음을 알 수 있다.

5. 총서 『불멸의 력사』, 예술영화 『조선의 별』과 아동영화 『소년장수』의 영향관계

여기에서 주목하고 있는 것은 활자매체인 『불멸의 력사』를 영상매체로 변환할 때 발생하는 변화 지점이다. 수령형상예술에서 영향력을 행사하고 있는 총서 『불멸의 력사』는 북한 매체의 중심에 서 있다. 영상매체인 아동영화 『소년 장수』, 『아금랑』과 예술 영화 『조선의 별』의 모체는 총서 『불멸의 력사』이다. 총서는 단지 종이에 인쇄된 문자의 나열을 넘어서서 새로운 매체를 통해 재창조되는데 『소년 장수』와 『아금랑』도 그 중 하나이다. 특히 『소년 장수』와 『아금랑』은 총서 『불멸의 력사』의 틀과 천세봉이 창조한 수령형상 및 가계형상의 틀 속에 갇혀 있는 것이 아니라 신화 또는 설화, 전통 민담 모티브를 재해석함으로써 작품의 질 자체를 결정적으로 진화시킨 결과를 낳았다. 그리고 그 결과 새로운 창작물의 위치에 설 수 있었다.

이 두 작품이 보여주는 전통과 문학의 재가공은 영상매체가 활자매체에 영향을 받은 것으로 볼 수 있다. 북한이 근대적 매체를 활용해 나가는 양상은 대체로 당시의 신문, 잡지와 같은 저널리즘과 출판 매커니즘 및 영화와 같은 예술 등의 순서를 밟아 진행되지만 역순으로 진행되는 예도 없지 않다.[1] '민주주의' 담론은 주제에서 역순의 진행을 보여준다.

수령형상 영화인 10부작 『조선의 별』은 1980년부터 1987년까지 제작되었으며, 『소년장수』의 제작 시기는 1987년부터 1997년까지이다. 제작 시기를 본다면 『조선의 별』을 제작하는 과정에서 아동용 버전인 『소년장수』의 제작을 염두에 두고 있었다는 예측이 가능하다. 1987년은 1972년부터 출간되기 시작한 수령형상문학인 총서 『불멸의 력사』가 개작되어 15권의 시리즈물로 재발간된 해이기도 하다. 이를 볼 때 수령형상물이 소설-예술영화-아동영화 순으로 장기적인 기획 아래 매체를 통해 창조되었음을 알 수 있다. 이처럼 북한의 영화매체는 문학과 서로를 뒷받침하며 북한 문화의 활성화에 일익을 담당했다.

『소년장수』가 『불멸의 력사』나 『조선의 별』 그리고 『축원』과는 달리 '민족'이라는 주제를 직접적으로 선택한 점은 아동교육을 통해 인민과의 합의라는 장기적 목적에 도달하려는 의도로 볼 수 있다. 1996년 북한이 강성대국론을 주창할 시기의 주력군인 청년들은 1980년대 아동영화를 통해 무의식적 '민족'교육을 받은 주체이기 때문이다. '민족주의'의 복원은 점점 효력을 상실해가고 있는 주체사상의 일부분으로 '민족주의' 담론을 포섭하여 효력 상실을 지연시키려는 과정이거나 강성대국의 지향, '선군사상'으로 전환을 위한 김정일 시대를 겨냥한 포석으로 보인다. 여기서는 후자의 성격이 더 강해 보인다.

『소년장수』는 30여년이라는 긴 제작과정이 말해주듯 북한의 민족주의라는 가치의 활용과정을 고스란히 보여주고 있는 영화라 할 수 있다. 북한의 민족주의는 1980년대 중반부터 1990년대 후반의 정치적·경제적 상황과 맞물려 인민을 동원하는 기제로 사용되었는데 특

1) 이러한 현상은 가극에서도 나타난다. 가극의 경우 가극-예술영화- 소설 등으로 재창작된다.

히 민족주의의 요소를 배가시킬 것이 교시로 하달되면서 1985년 이후 아동영화에서는 애국주의적이고 민족적 요소를 띤 영화가 많이 제작되었다. 소년장수가 1년에 많게는 10편에서 적게는 4편이 제작된 것을 볼 때 그리고 1998년 강성대국론이 50부에 바로 반영된 것도 교시가 가장 빠르게 전달되는 매체가 아동영화임을 알 수 있다. 따라서 작품별로 본격적인 분석을 한다면 북한의 정책변화를 문건이나 교시보다 먼저 아동영화를 통해 포착할 수 있을 것이다.

뿐만 아니라 이 영화는 바로 나라와 민족의 자주성을 지킬데 대한 문제 제기와 고구려 사람들은 어렸을 때부터 조국을 사랑하는 정신으로 교양되고 무술을 배웠으며 용감성으로 단련되였기 때문에 높은 민족적 긍지와 씩씩한 기상을 지닐 수 있었으며 외적을 물리치고 나라의 영예와 민족적 존엄을 지킬 수 있었다[2]는 것을 쇠메의 일화를 통해 보여주고 있다. 이러한 일화는 북한의 어린이와 인민들에게 조선민족이 제일이라는 민족적 긍지와 자부심을 가지게 하며 조국의 강토와 민족의 존엄을 끝까지 지켜 싸워야한다고 고무하고 있다.

북한 아동영화의 강점은 사상성이 강한 영화도 사상성이나 정치성을 민감하게 느끼지 않는 차원에서 아동뿐 아니라 성인들까지 즐길 수 있는 데 있다. 『소년장수』는 김일성의 이야기로 민족주의와 애국주의를 노골적으로 드러내는 정치적 요소가 매우 높은 작품이다. 작품이 노골적으로 의도를 드러내거나 이데올로기를 강조할 때 작품의 질이 손상되는 경우가 많다. 그러나 이 작품은 역사적 배경을 이민족과의 싸움이 치열했던 고구려로 설정하여 민족주의나 애국주의를 진부하지 않게 환기시키는데 성공하고 있다. 탄탄한 필진과 연출, 배경동

---

2) 김혜숙, 「우리식 다부작 아동영화의 독특한 면모 -다부작만화영화 <소년장수> (1~20부)를 보고-」, 『조선영화』 6호(평양: 문학예술출판사, 1991.6.10.), 25-29쪽.

화에 사실성, 상상력이 넘치는 전투장면의 만화적 과장에서 오는 오락성의 극대화, 짧고 간결한 대사가 전달하는 극적 긴장미 등은 만화영화가 보여줄 수 있는 장점을 최대한으로 보여 주어 예술적 매우 성취도가 높아 질적인 면에서 노출될 수 있는 요소들을 봉합하는 차원을 뛰어 넘어 보는 미학으로의 가치를 부여한다.

V. 북한의 아동영화

『고구려의 젊은 무사들』에 나타난 강성국가의 욕망

1. 그림책과 사화 『고구려 척사』 그리고 만화영화 『고구려의 젊은 무사들』

김정일 시대 북한은 고난의 행군시기를 거치면서 국방의 자위와 경제적 자립을 갈망했다. 북한의 이러한 욕망을 함축한 용어가 강성대국이었다. 북한의 욕망은 아동교육과 아동영화 지침을 통해 창작에 반영되어 왔으며 『소년장수』를 통해 그 욕망을 표출하였다. 김정은 시대의 북한은 강성 국가라는 또 다른 꿈을 꾸고 있다. 이 글에서는 역사소설을 애니메이션화한 『고구려의 젊은 무사들』의 주인공 을기의 성장기를 통해 북한의 강성국가의 욕망을 살피고자한다.

아동영화 『고구려 젊은 무사들』은 2012년~2014년까지 조선4·26아동영화촬영소 제작된 7부작 그림영화로 내용은 주인공 을기와 무달이 그리고 을기의 준마 별박이와 무달이의 풍산개 귀리가 늑대족의 위협으로부터 고구려의 북방에 위치한 양인국을 보호하기 위한 사신으로 가면서 겪는 이야기들을 다루고 있다. 『고구려의 젊은 무사들』의 원작은 김인수의 장편 사화 『고구려 척사』이다. 『고구려 척사』는 1999년 금성출판사에서 출판된 역사소설로 조선출판물 교류협회에서 그림책 『고구려의 척사』1~6권(2000~2003) 등으로도 출간되었으며, 김

그림 52. 그림책 『고구려 척사』 1

그림 53. 소설 [고구려 척사] 표지

정은 시대에 와서 아동영화로 제작된 것이다.

<표 12>과 <표 13>에서 볼 수 있듯이 소설과 만화영화의 등장인물은 비슷하다. 하지만 그들의 행적은 소설과 만화영화 사이에 차이를 보인다. 그것은 줄거리에서 명확하게 드러난다. 『고구려 척사』의 시대 배경은 호동왕자의 친모 대왕대비 혜씨가 등장하는 것을 볼 때 대무신왕 제위시절이다. 스무 살을 눈앞에 둔 위나암성[1]의 장수 을기는 부친 설유의 부름에 국내성으로 온다. 국내성으로 온 그는 갈사국의 봉명척사(왕의 어명을 받는 상대의 사정을 가만히 알아보는 신하)[2]로 임명된다. 갈사국으로 떠나기 전 대왕대비 혜씨로부터 갈사국 공주의

1) 위나암성 尉那巖城은 중국 길림성 吉林省 집안현 集安縣에 있는 고구려시대의 성곽으로 유리왕 22년 국내성 國內城으로 도읍을 옮기고 국내성을 방비하기 위해 쌓은 성이다. 학계에서는 산성자산성 山城子山城으로 추정된다고 한다.

2) 김인수, 『고구려척사』(평양: 금성출판사, 1999), 27쪽.

<표 12> 그림책『고구려 척사』의 등장인물[3]

	을기. 주인공, 가명 금동이. 용모가 출중하고 문무를 겸비한 총명하고 슬기로운 고구려의 젊은이다. 무달과 결의형제를 맺은 형이다. 왕명을 받들어 동족의 나라 갈사국에 척사로 파견되어 자기의 모든 힘과 지혜를 다 바쳐 맡은 임무를 훌륭히 수행하므로서 고구려의 기치밑에 같은 민족의 나라를 통합하는 통일위업 수행에 크게 이바지한다.
	무달. 가명은 은동이. 을기의 구종 힘이 장사이고, 기골이 장대항 젊은이. 을기와 결의 형제를 맺은 동생이다. 을기와 함께 갈사국에 들어가 척사의 임무수행에 한몫을 한다. 본래는 갈사국 사람인 막근의 아이들이였는데 동족상쟁의 비극으로 어릴 때 친혈육과 갈라져 고구려에서 설유의 보살핌 밑에 을기와 함께 자라났다.
	궁. 고구려의 총명한 젊은 임금이다. 갈사국이 위험에 빠지게 되자 제때에 척사를 파견하여 수습한다.
	설유. 주인공 을기의 부친. 고구려의 좌보. 충신, 일등공신이다. 왕의 심려를 덜기 위해 자기의 아들을 주저 없이 나라의 통일을 위한 일에 투입시킨다.
	례씨. 을기의 어머니. 을기가 2살 때 민족 분열로 인한 동족 살육에 희생된다.
	혜씨. 고구려의 대왕대비. 갈사국 왕의 친누이, 이름난 호동왕자를 낳아키운 국모. 을기의 용모에 매혹되어 조카인 갈사국 효은공주와 짝을 맺어주려 하는 인물이다.

3) 그림책 고구려의 척사 참조

	미불. 무달의 령군. 후에 을기비장의 령군이 되어 싸우는 갈사국 젊은이이다.
	가실. 갈사국 공주 효은의 몸종. 미불과 사랑하는 사이이다.
	랑아. 말을 잘 타는 갈사국 처녀. 후에 무달의 아내가 되어 남편의 일을 돕는다.
	발가. 어리골 녹살로 있다 갈사국 대보 웅걸이 찬출된 후에 대보로 승직. 의롭고 자유분망한 성격의 소유자, 문무에 능한 갈사국 충신이다.
	웅걸. 갈사국 대보. 고구려의 좌보 설유와 막역한 친구이다. 문무에 출중한 갈사국 충신이자 공신이다.
	준. 왕자 살인미수사건이 있은 후에 충의대장이 된다. 대보 웅걸의 아들이다. 무술이 능한 젊은장수이다.

	눌지. 갈사국 별감. 간신 역적이며 리소의 간자이다, 권력의 야심으로 온갖 모해를 다 하다가 결국 자기 상전의 칼에 죽음을 당한다.
	조라치. 눌지의 앞잡이. 아첨군이다. 교활하고 음흉하며 살인과 모략을 일삼는다.
	마씨. 개암골 가라달 운룡의 서녀다. 궁궐의 내인으로 들어왔다가 후에 방비가 된다.
	운용. 마씨의 부친. 별감 눌지의 속임수에 속아 넘아가 성의 비밀을 알려주어 성이 함락되자 이를 한탄하여 전장에서 용감히 싸우다 전사한다.
	갈사국의 사냥꾼. 무달의 아버지이다. 15년간이나 사냥꾼으로 산속에서 있다 을기와 무달과 "덤받이" 곰을 잡는 인연으로 알게 되어 두 젊은이의 일을 적극 돕는다. 『고구려의 젊은무사들』에서는 촌장으로 나온다.
	도두. 갈사국의 왕이다. 나라가 외적의 위협을 받게 되자 고구려에 구원을 청하며 후에 나라의 위기를 고구려의 도움으로 모면하자 고구려에 나라를 복속시킨다.

	효은. 갈사국의 공주. 을기를 사랑하며 위기에서 을기를 구한다. 후에 을기와 결혼한다.
	리소. 읍소족 추장이다. 포악하고 악독한 읍루족 우두머리. 눌지를 앞잡이로 갈사국을 정복하려다 을기, 무달과 갈사국 사람들의 저항에 부딪히자 투항한다. 을기의 요구에 응하여 자신의 앞잡이 눌지의 목을 베고 지경 밖으로 도망친다.
	아히. 막근의 딸.무달의 여동생. 수줍음을 잘 타는 순박한 처녀. 단검 던지는 솜씨가 사내를 능가한다. 만화영화『고구려의 젊은무사들』에서는 막근의 조카딸로 나오며, 아히는 10살 정도의 어린 아이인 막근의 손녀로 등장하며, 언제나 을기와 무달을 위험에 빠뜨리는 민폐 캐릭터이다.
	남은 갈사국의 왕세자. 총명한 14세의 소년. 외적의 침입을 막는 전장에서 전사한다.
	진세. 무술에 솜씨 있고 용감한 젊은이. 아히의 단검 던지는 솜씨에 반하여 사랑하게 된다.

<표 13> 『고구려의 젊은 무사들』 주요인물

	을기. 주인공. 고구려의 명장인 솔려의 아들로, 어머니를 일찍 잃었다. 주인공답게 잘생긴 외모에 성실하고 용감한 성격을 지닌 전형적인 바른 청년 캐릭터이다. 3년 석달 동안 산에서 무예를 수련하다가 도성에서 장수를 뽑는 무술대회가 열린다는 소식을 듣고 하산하여 무술대회에 참여하고자 하였으나, 아버지가 양인국에 사신으로 간다는 소식을 듣고는 그 뜻을 접고 노비이자 친구인 무달과 함께 아버지를 따라 가지만 그곳에서 아버지를 잃고 아버지를 대신하여 고구려 사신의 임무를 다한다. 고구려의 사신으로서 양인국의 백성들을 지키겠다는 신념과 빼어난 무술 실력으로 양인국 사람들에게 인정받으며 마침내는 사신으로서의 임무를 완수하고 장수로 거듭나게 된다.
	무달. 을기를 시중드는 종복이자 둘도 없는 친구. 여정 속에서 을기와의 우정이 형제지간으로 발전한다. 좀 둔하지만 성질이 급해 일을 망치는 을기를 매번 위기마다 기지를 발휘하여 돕는다. 왼쪽 팔에 흉터가 있는데 달래말 촌장이 이것을 보고 잃어버린 자신의 아들이다.
	솔려. 을기의 아버지로 고구려의 이름난 장수. 용맹하고 지혜로울 뿐 아니라 나라에 대한 충성심도 투철하다. 10여년 전에 늑대족이 양인국을 침략할 당시에 이들을 격퇴한 장수이기도하다. 때문에 양인국이 늑대족의 위협에 처했다는 소식을 듣자 몸소 사신을 자청하여 여정에 나선다. 이때에 아들인 을기가 장수를 뽑는 무술대회에 참가하지 않고 자신을 따라오자 처음에는 아들을 어리석게 생각하고 호통을 치지만, 아들의 무술실력과 참된 효심을 알아보고는 동행하는 것을 허락한다. 2부에서도 늑대족들의 속임수를 간파하고 늑대족들의 함정을 피하는 등 기지를 발휘하나 결국 늑대족의 주르치가 쏜 독화살에 맞아 사망한다.
	별박이. 을기의 준마. 풍산개 귀리와 단짝을 이루며, 을기가 위험에 처했을 때 그를 구하는 충직한 동료.
	귀리. 무달이 키우는 풍산개. 별박이와 단짝. 을기와 무달이 매 위기마다 기지를 발휘하여 그들을 구해낸다. 등장인물을 통틀어 가장 현명하고 영리하다. 소설에서는 무달의 아버지 막근이 키우는 사냥개로 나온다.

	촌장. 달래말 촌장. 을기와 무달과 함께 덤받이 사냥 후 그들을 돕는다. 무달의 아버지. 소설에는 사냥꾼으로 나온다.
	랑이. 이 작품에서는 『고구려 척사』에서의 랑이와 아히의 성격을 함께 지니고 있는 인물로 등장한다.
	양인국 국왕. 소설의 갈사국 왕이다. 양인국을 다스리는 국왕. 호시탐탐 나라를 노리는 늑대족의 위협을 걱정하고 있으나, 양인국 자체가 약소국이라 고구려에 도움을 청한다. 늑대족의 왕자인 아키타가 양인국에 들어와서 공주와의 혼인을 강요하며 협박해오자 무술대회인 '어리평 시합'여나 의심이 많고 귀가 얇으며, 우유부단한 성격 때문에 정작 을기가 시합에서 우승하고 나라를 위기에서 구했음에도 불구하고 살인자라는 모함에 감옥에 가둔다.
	공주. 인국의 공주. 소설의 갈사국 공주이다. 늑대족 왕자 아키타의 청혼에 매우 불쾌하게 생각하고 있으며 몰래 남장을 하고 무술대회 구경하러 나왔다가 을기를 보고 사랑에 빠진다. 이후 자신과 나라를 위기에서 구한 을기를 누명에서 구하기 위해 노력한다.
	대보. 양인국의 재상. 고구려의 장수인 솔려와는 잘 아는 사이이며, 역시 빼어난 무술실력과 강직한 성품을 지니고 있다. 작중의 포지션은 양인국의 앞날을 걱정하는 충신 역할. 처음에 을기를 의심하나 을기의 사정을 듣고 솔려의 아들임을 확인하여 을기를 극진히 대접한다. 하지만 얼마 지나지 않아 고모골로 공주와 국왕에게 가다가 늑대족의 기습을 받고 죽는다.
	진세. 달래말 젊은이. 덤받이 사냥 때 을기와 무달의 도움을 받아 목숨을 구한다.
	아히. 만화영화에서는 딸이 아닌 촌장의 손녀딸로 나온다. 두 번씩 을기와 무달을 위험에 빠뜨리는 소녀. 민폐 캐릭터.

	가실. 효은 공주의 시녀.
	주르치. 양인국을 정복하기 위해 파견된 늑대족 부대의 두령이다. 양인국의 산골짜기 속에 숨어살면서 늑대족이 양인국에 심어놓은 첩자인 "검은유령"의 지시에 따라 임무를 수행하고 있다. 10년전에 있었던 고구려와의 전쟁에서 아버지를 잃었기 때문에 고구려인들에 대한 원한이 깊으며 목적을 위해서는 수단과 방법을 가리지 않는 지독한 인물이다. 또한 무술과 책략에 모두 능하여 작중에서 일어나는 모든 사건마다 기지를 발휘하는데, 양인국에서 고구려로 보내던 사신을 암살하거나, 고구려에서 파견되어온 솔려를 독화살로 쏜다. 양인국에 들어온 주인공 을기와 사사건건 대립하다가 최후에는 양인국 공주를 붙잡고 인질극을 벌였으나, 을기와의 결투 끝에 패배하여 강물에 휩쓸려 사라진다. 또한 그의 여동생이 늑대로 위장하여 상관의 명령을 전달하지만 한 장면 외에 나오지 않는다.
	뚱보. 늑대족 두령 주르치의 직속 부하. 덩치가 크고 뚱뚱한 체격을 지니고 있으며, 삭발을 한 머리에는 문신을 하고 있다, 작중의 개그 캐릭터에 가까운 인물로, 이름이 따로 언급되지는 않는다. 나름 잔머리를 쓸 줄 알아 주인공 일행에게 살인 누명을 씌우고 상인이나 양인국 주민 등으로 위장하여 주인공 일행을 골탕 먹이기도 하나 대체로 찌질하게 쳐발리는 역할. 식탐 속성을 보유하고 있어서 먹을 것에 한눈 팔리다 주인공 일행을 놓치기도 한다.
	눌지(검은유령). 늑대족이 양인국에 심어놓은 첩자로, 양인국의 내시총관을 지내고 있다. 양인국에 파견된 주르치를 비롯한 늑대족 부대의 상관으로 이들에게 종종 여러가지 지시를 내리기도 한다. 현란한 말빨로 양인국 국왕을 농락하고 주인공 일행을 골탕 먹이나 마지막화에서 결국 첩자인 것이 뽀록나 양인국 군사들에게 사로잡히고 만다.
	아키타. 늑대족의 왕자로, 대추장의 아들. 양인국의 부마가 되어 양인국을 삼킬 속셈으로 양인국 공주와의 혼인을 협박하며 무술대회에 직속 부하를 참가시켜 자신의 야망을 거의 달성할 뻔하나 을기가 참가하여 무술대회에서 승리하는 바람에 실패한다.

	늑대족 대추장. 늑대족의 우두머리로, 10년 전 양인국을 정복하기 위해 고구려의 솔려와 싸웠다가 패배한 일이 있었다. 이후 호시탐탐 기회를 엿보며 양인국을 삼키기 위하여 수단과 방법을 가리지 않는 사악한 모습을 보여준다. 대추장에 걸맞는 중후한 카리스마와 교활함을 지니고 있다. 작중에서는 늘 늑대족의 본거지에 머물면서 배후에서 이런저런 지시를 하는 모습으로 등장하다가 마지막화에서는 마침내 대군을 이끌고 양인국을 침공해 오지만 을기가 양성한 양인국 군대에 패하고 사망한다.

배필의 증거인 팔찌를 받는다. 혜씨는 을기에서 죽은 호동의 모습을 보고, 자신의 조카딸의 배필로 을기를 낙점하고 있는 터였다. 그는 하호 下戶로 신분을 위장한 후 종복 무달과 함께 갈사국에 밀입국한다. 갈사국의 장지말 아래촌 좌상은 우보 달가이다. 을기는 금동이라는 이름으로 달가 수하인 산군으로 들어가 갈사국을 정찰한다. 을기와 무달은 어리평 시합에 나가고 신임을 얻어 갈사국을 침략한 읍소족에 맞서 을기와 무달은 달래말 사람들과 함께 싸워 적들을 물리친다. 그리고 소설에서는 을기가 효은과 결혼하면서 갈사국의 부마가 되자 갈사국왕은 그에게 선양을 하려하지만 을기는 선양은 받되 왕위에는 오르지 않겠다고 한다. 갈사국을 고구려에 병합시키려는 을기의 의도를 알게 된 갈사국왕은 그로부터 한달 후 갈사국을 고구려에 바친다. 이러한 내용은 아동영화에서는 생략되어 있다.

『소년장수』가 작품마다 완결구조를 가지고 있으면서 이야기가 연결되는 형식인 반면 『고구려 젊은 무사들』은 매회 완결되는 구조가 아닌 1부~7부까지 내용이 이어지는 연속극 형식이다. 작품의 줄거리는 다음과 같다.

1부: 고구려의 장수가 되기 위해 동굴에서 수련을 하며 무술 대회를 준비하던 고구려의 명장 솔려의 아들인 을기는 늑대족의 습격으로 죽은 양인국 사신을 발견하고 그가 가지고 있던 밀서를 가지고 산에서 내려온다. 밀서에는 원군을 청하는 내용이 담겨 있다. 10여 년 전에 늑대족이 양인국을 침략할 당시에 장수로 파견되어 이를 격퇴한 적이 있는 솔려는 늑대족의 위협에 처했다는 소식을 듣자 몸소 사신을 자청한다. 을기는 아버지가 사신이 되어 양인국으로 간다는 소식을 접하고 아버지를 따라나서려 하지만 무술대회가 다음날인 아들에게 솔려는 무술대회 참가를 명한다. 그러나 죽은 사신의 모습을 보았던 을기는 아버지를 돕기 위해 뒤를 따른다. 을기는 폭우로 물이 불어 다리가 끊어지자 강을 건너다 위험에 처한 사신단을 구한다. 아들인 을기가 장수를 뽑는 무술대회에 참가하지 않고 자신을 따라오자 처음에는 아들을 어리석게 생각하고 호통을 치지만, 아들의 무술실력과 참된 효심을 알아보고는 동행하는 것을 허락한다. 그러나 아버지는 을기에게 돌아가 무술대회에 참여하기를 권유하지만 을기는 아버지를 설득하고 허락을 받는다.

2부: 늑대족장은 솔려가 양인국으로 온다는 소식을 듣고 그를 해치라는 명을 내린다. 양인국에서는 솔려를 마중 나가지만 늑대족의 습격에 몰살당하고, 영접단으로 변장한 늑대족 주르치가 고구려 사신단을 맞이한다. 그러나 이상한 낌새를 눈치 챈 솔려는 그의 술대접을 거절한다. 그러자 주르치는 밤에 솔려를 암살하려지만 실패한다. 서둘러 양인국으로 향하던 사신단은 협곡에서 늑대족의 습격을 받고 싸우지만 주르치가 쏜 독화살에 솔려가 쓰러진다. 주르치는 사신증표를 불 속에 던져 넣고 사라지고 을기는 아버지를 구하기 위해 솔려를 데리고 고구려로 되돌아가려하지만 솔

그림 54. 을기 아버지 솔려가 동행을 동료들에게 구하는 장면

그림 55. 무달과 풍산개 귀리

그림 56. 을기의 명마 별박이와 풍산개 귀리

려는 자신을 대신해 달라고 유언하고 눈을 감는다. 을기는 무달이와 사신임무를 대신하기로 한다.

3부: 양인국에 고구려 사신들이 몰살당했다는 소식이 전해지고 양인국 왕은 실망한다. 아버지의 원수인 솔려를 죽인 주르치는 을기가 사신임무 수행을 위해 떠났다는 보고를 받고 이를 방해한다. 솔려의 유언대로 을기와 무달은 양인국의 재상 대보를 찾아 나선다. 을기 일행은 양인국에 도착한다. 그러나 양인국에서는 사신표가 없는 을기를 믿지 않는다. 을기는 모략에 빠져 떡 장수 할아버지와 손녀를 죽인 살인범으로 몰려 양인국 군사에게 붙잡혀 연행되나 을기의 준마 별박이와, 무달이의 풍산개 귀리의 도움으로 탈출한다. 그러나 번대 머리의 계략에 빠져 주르치에 의해 죽을 위기에 처한다.

4부: 그러나 여섯 개의 발가락을 가진 흉포한 곰 덤받이(덤받이는 늑대족에게 주인을 잃고 흉폭해진 곰이다.)의 습격으로 위기에 처하지만, 달래말 노인에 의해 구출된다. 검은 두령에게 아키타는 덤받이에게 죽었다고 보고하고 별박이와 귀리는 을기와 무달이를 찾아 나선다. 을기와 무달이를 구출한 좌상은 떡을 팔던 아리네 할아버지를 죽였다는 마을 사람들에 말에 그들을 내쫓는다. 늑대족 대추장은 눌지, 아키타를 양인국으로 보내 고구려와 양인국의 동맹을 막으려 한다. 아키타는 양인국 공주에 청혼하고 왕은 거절한다. 을기와 무달이는 아리가 깨어나는 것을 돕기 위해 녹용을 구하러 다닌다. 반면 양인국 왕궁에서는 눌지는 양인국 왕을 자극해 무술 대회를 열고, 무술 대회에서 늑대족 무사가 우승할 경우 늑대족의 왕자와 공주를 결혼시킨다는 규칙을 만든다. 을기는 무달이는 귀리와 함께 사슴사냥을 온 달래말 주민들을 덤받이로부터 구한다. 마을로 내려간 달래말 사람들은 을기의 사정을 듣고 어리평 무술대회 참가를 권한다.

5부: 어리평 대회에 참가하러 온 을기는 시합장에서 아이가 납치당하자 을기는 남장을 하고 나온 효원공주의 말을 빌려 아리를 구하러 간다. 주르치의 음모에 빠져 위험에 처하지만 동굴 안으로 피해 목숨을 구한다. 늑대족의 계략으로 부상을 입지만 을기는 시합에 참가하여 늑대족 무사를 물리친다. 을기의 승리로 공주와의 정략결혼이 실패로 돌아가자 전쟁 없이 양인국을 차지하려는 늑대족의 음모는 실패한다. 그러나 늑대족의 참모이자 첩자로, 양인국에서 내시총관으로 있는 눌지는 을기가 살인자라고 모함한다.

6부: 옥에 갇힌 을기를 구출하기 위해 달래말 사람들과 아리는 진정서를 올리나 눌지에 의해 버려진다. 을기는 옥지기의 도움으로 옥에서 빠져 나와 재상 대보를 찾아가 아버지 솔려의 말을 전하며 도움을 청한다. 그 사이 왕은 공주를 데리고 사냥에 나선다. 대보가 을기를 위해 사냥터로 향하나 주르치는 대보를 해치우라 명령한다. 대보는 주르치의 동생 야하리에 의해 목숨을 잃는다. 을기는 공주가 위험에 처한 것을 알고 그들을 구하러 떠난다.

그림 57. 양인국 왕과 효원공주

7부: 양인국을 정복하려는 부하들의 술수가 모두 실패로 돌아가자 늑대족 대추장은 대군을 이끌고 직접 쳐들어온다. 을기는 사냥에 나간 왕을 찾아가고, 주르치와 눌지는 공주를 납치하려 한다. 그러나 을기는 대추장, 주르치를 물리친다. 그러나 공주를 인질로 삼은 주르치는 을기에게 항복을 요구하나 최후의 대결에서 벼랑에서 떨어져 죽는다. 을기는 공주에게 고구려 사신임을 알리고 왕을 알현한다. 늑대족과의 전투에서 선봉장이 된 을기는 양인국 군인들을 훈련시켜 전쟁에 나선다. 그리고 전쟁을 승리로 이끌어 고구려 사신으로서 임무를 마친다.

그림 58. 효원공주

『고구려의 젊은 무사들』 내용상으로는 완결로 봐도 좋을 듯하다. 하

그림 59. 을기와 별박이

그림 60. 전쟁에 나선 을기

그림 61. 전쟁에 나선 별박이와 을기

지만 촌장 즉 무달 아버지와 무달 이야기, 잠깐 등장한 주르치의 여동생의 역할을 봤을 때 이야기가 모두 완결되지 않아 앞으로 더 제작될 수 있다는 여지를 열어두고 있다. 그러나 현재 북한의 만화영화가 『고주몽』에 집중하고 있는 것을 볼 때 조만간 후속이 나오기는 힘들 것으로 보인다.

아래의 <표 14>에서 볼 수 있듯이 『소년장수』 만큼이나 기술력이나 원화, 배경에 공을 들인 작품이다.

<표 14> 『고구려 젊은 무사들』 제작진 : 『고구려 젊은 무사들』 조선4·26아동영화촬영소

부제목/ 상영시간	제작진		부제목/ 상영시간	제작진	
1부 <피묻은 밀서> 27분 47‘	영화 문학	한영	2부 <아버지와 아들> 27분 24‘	영화 문학	최인혁
	연출	윤영길		연출	윤영길
	미술	김원일, 류용일 외		미술	김원일 홍영남 외 26인
	녹음	강시현(공훈예술가)		녹음	강시현(공훈예술가)
	배경	김경수, 최춘남외 26인		배경	김경수, 홍명철
	합성	박철진, 김광현		합성	김광현, 홍일남
	편집	권은		편집	권은
	채색	서영이		채색	서영이
	연주	영화 및 방송음악단		연주	영화 및 방송음악단
	작곡	함철		작곡	함철
	노래	평양률곡중학교 아동음악반		노래	평양률곡중학교 아동음악반
	지휘	려명기		지휘	려명기

부제목/ 상영시간	제작진		부제목/ 상영시간	제작진	
3부 <궁성을 앞에두고> 22분50‘	영화문학	황두만	4부 <달래말 사람들> 27분03‘	영화문학	한영
	연출	윤영길		연출	윤영길
	미술	김원일, 정광훈외 26인		미술	김성준, 리남철외 26인
	녹음	강시현(공훈예술가)		녹음	강시현(공훈예술가)
	배경	하련순, 강승국		배경	최춘남, 김경수
	합성	김광현 홍일남 외2인		합성	박철진, 김광현
	편집	권은		편집	권은
	채색	서영이		채색	서영이
	연주	영화 및 방송음악단		연주	영화 및 방송음악단
	작곡	함철		작곡	함철
	노래	평양률곡중학교 아동음악반		노래	평양률곡중학교 아동음악반
	지휘	려명기		지휘	려명기
5부 <어리평 시합> 27분 28‘	영화문학	안복남	6부 <물러설 수 없는 길> 29분 09‘	영화문학	김화성
	연출	윤영길		연출	윤영길
	미술	김원일, 김천근외 26인		미술	김성준, 곽창호 외 32인
	녹음	박정호		녹음	박정호
	배경	김경수, 최춘남, 홍명철		배경	김경수, 강승국
	합성	박철진, 김경혁		합성	홍일남, 김경혁
	편집	권은		편집	권은
	채색			채색	
	연주	영화 및 방송음악단		연주	영화 및 방송음악단
	작곡	함철, 김성희		작곡	함철, 김성희
	노래	평양률곡중학교 아동음악반		노래	평양률곡중학교 아동음악반
	지휘	려명기		지휘	려명기

부제목/ 상영시간	제작진		부제목/ 상영시간	제작진
7부 <고구려 사신> 21분 08'	영화 문학	한영	편집	권은
	연출	윤영길	채색	
	미술	김원일, 박춘추외 28인	연주	영화 및 방송음악단
	녹음	박정호	작곡	함철, 김성희
	배경	김경수	노래	평양률곡중학교 아동음악반
	합성	홍일남, 차은희	지휘	려명기

<표 14>에서 볼 수 있듯이 이 작품의 연출은 윤영길이 담당했으며, 영화문학은 한영이 1, 4, 7부를 2부는 최인혁, 3부는 황두만, 5부는 안복남, 6부는 김화성이 집필했다. 그리고 미술은 김원일 1, 2, 3, 5, 7부 김성준 4, 6부를 이끌고 있으며, 배경은 김경수와 최춘남, 강승국이 주로 맡고 있으며, 서영이가 채색을 맡고 있다. 이 작품의 강점은 실사영화처럼 자연에 대한 연출 및 영상미가 매우 뛰어나다는 점이다. 장편의 경우 영상미학적인 실험을 시도할 여지가 적어 예술적인 완성도는 서사구조의 치밀한 완결성이 그 승패를 가름한다. 하지만 이 작품은 매 부마다 영상미학적 실험을 하고 있다. 『소년장수』의 경우처럼 책임미술체제를 두고 연출가와 작가에 맞는 책임 미술가를 배치하며, 그 하위에 많은 미술가를 두고 작업을 하고 있지는 않지만 『고구려 젊은 무사들』은 다른 작품들에 비해 한회에 배경과 미술에만 최소 28인 이상[4]의 많은 인원을 배치하여 배경미술의 환상적이면서도 사실적인 표

4) 1부의 경우 김원일, 류용일, 김정훈, 김명선, 리문철, 김인철, 홍태혁, 허충혁, 김철, 강영일, 강혁, 김금철, 정광훈, 리남혁 곽창호, 리남철, 김정환, 리원근, 리성화, 침춘일, 리원옥, 박영금, 백만식이 미술을 담당하고 있으며, 배경에는 김경수, 최춘남, 홍명철, 합성 박철진, 김광현, 채색, 서영이 등이 작업에 참여하고 있다. 그러나 채색은 4부부터 미술에 흡수된다.

현, 민속적인 것의 철저한 고증, 화려하지만 조선적인 색채가 작품의 질을 높이고 있으며, 동작의 묘사는 미학적 예술성 확보하는데 일조하고 있다.

그림 62. 오프닝에 등장하는 사신도 벽화

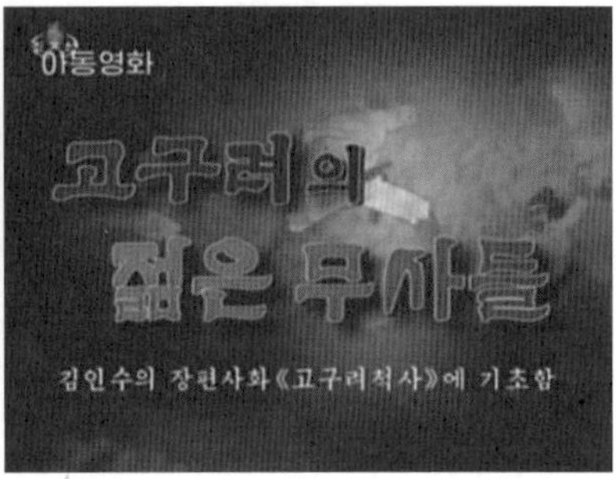

그림 63. 오프닝

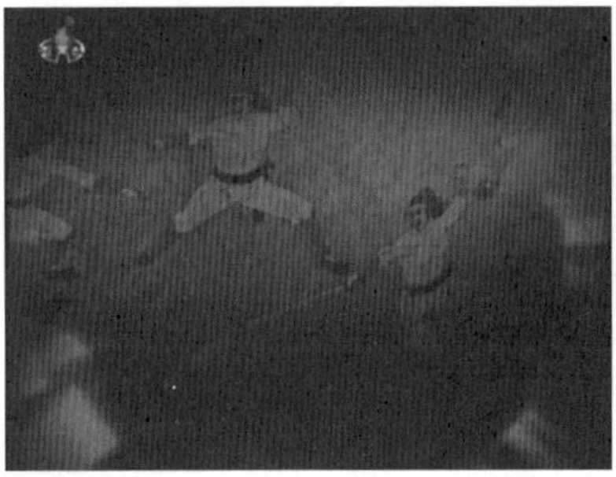
그림 64. 오프닝의 수박희

그림 65. 개마무사 강철갑옷으로 무장한 군대

그림 66. 개마무사 강철갑옷2

그림 67. 개마무사 강철갑옷을 입은 명마 별박이와 을기

이 작품은 안악·덕흥리·강서대묘 3호분의 사신도와 수박희 벽화를 인트로와 엔딩으로 배치하고 있는데 특히 안악 3호분, 강서 수산리 벽화를 바탕으로 꼼꼼하게 고구려 대신들의 관복이나 민중들의 의상을 고증하고 있다. 7화의 마지막 장면인 전쟁 장면에서 을기와 군사들이 착용한 복장은 개마무사 강철갑옷으로 황해북도 연탄군 송죽리에서 발굴된 고구려시대(5세기 전반) 고분벽화 '개마무사들'과 안악 3호분 행렬도에서 그려진 개마무사의 복장을 그대로 재현하고 있다. 이를 볼 때 제작진에서는 확인할 수 없으나 『소년 장수』와 마찬가지로 역사학자의 감수를 받은 것으로 보인다.

2.『고구려 젊은 무사들』에 나타난 강성대국의 욕망

이 작품은『아금랑』,『호동왕자와 락랑공주』,『소년장수』이후 고구려를 배경으로 오랑캐와 싸우는 주인공을 그리고 있다. 북한은 정통성을 항일무장투쟁에서 고조선까지 소급하여 공동체 의식에 정당성을 부여하고, 단일민족의 우월성을 자극함으로써 위기를 극복하고 미래를 보장받으려 하고 있다.『고구려 젊은 무사들』의 배경을 고구려로 설정 한 것은 민족적인 소재를 선호하는 민족적 정서와 부합하는 경향성 때문이기도 하지만 봉건왕조 중 고구려가 북한 유일하게 긍정적인 평가를 하는 나라이기 때문이다.[1)]

> 고구려는 우리 력사상의 봉건국가들 가운데서 가장 국력이 강하였고 가장 넓은 령역을 포괄하고있었던 나라이다. 고구려는 조선의 중부이북지방과 료하, 송화강류역의 광대한 지역에 걸쳐있었고 백제, 신라와 함께 세나라로 불리웠으나 그 령토는 두나라를 합친것보다도 더 넓었다. (……) 고구려는 국력이 매우 강대하

1) 김은정,「「소년장수」를 통해 본 민족주의의 호출」, 322쪽.

였으므로 그 통치배들속에서도 사대주의가 없었다. 고구려는 611년이후 계속된 수나라의 대규모적인 침략도 성과적으로 물리쳤다. 고구려인민들은 을지문덕의 지휘하에 용감히 싸워 침략자들에게 거듭 참패를 주고 빛나는 승리를 달성함으로써 그 위력을 대외적으로 시위하였다.[2)]

위의 인용문에서 알 수 있듯 고구려는 지리적인 면에서나 역사적인 면에서 과거 봉건 왕조 중 가장 강성했으며, 제국을 지향하며 민족적 자존심을 지키고 사대주의가 없었던 나라로 기억되고 있어 심리적 거리가 가장 가깝다. 또한 북한이 고구려라는 옛 과거를 호명하여 고구려 정신으로 민족의 정체성을 확립하려는 이유는 다른 민족과의 경쟁에서 승리한 경험이 있는 역사상 가장 강대국이었던 고구려인의 민족의식을 통해 공산주의자의 도덕성을 아동들에게 훈육하기 위함이며, 제국을 지향했던 고구려를 북한이 추구하고 달성해야할 목표의 모델로 삼고 있기 때문이다.

『고구려 젊은 무사들』의 영화문학도 장편에서 나타나는 타성을 극복하기 위해 4명의 작가가 집필하고 있지만 한영이 집필한 작품을 제외한 2, 3, 5, 6부는 긴장감이나 일화에서 집중도가 떨어진다. 할아버지의 죽음 그리고 살해위협과 납치의 위험에 매번 노출되는 아리는 을기를 지속적으로 위험에 빠뜨리는 매개 역할에 머물러 있으며, 늑대족에게 주인을 잃고 포악해진 덤받이의 일화 역시 극적으로 살려 내지 못하고 을기가 달래말 사람들에게 신임을 받는 매개로 소비되고 만다.

『소년장수』와는 달리 매회가 완결형이 아닌 연속의 형태로 이어지는데 매회 다른 영화문학 작가들이 일화를 창작하다 보니 내용의 연

2) 『력사사전』ㄱ-ㅂ(평양: 사회과학출판사, 1971), 109쪽.

결성과 등장인물들 간의 관계가 조밀하지 못하다. 갑자기 나타나 양인국의 대신 대보를 살해하고 사라지는 주르치의 동생 야하리에 대한 일화나 정보가 전혀 없어 왜 재상 대보를 야하리가 죽여야 했는지에 대한 의문이 남으며, 무달의 왼쪽 팔 흉터를 보고 달래말 노인은 잃어버린 자신의 아들이 아닌가 하는 인상을 풍기고 무달의 이야기에 대한 기대감만 높일 뿐 이에 대한 해결은 되지 않고 극이 마무리된다. 그리고 매회간의 개연성도 떨어지는 것도 문제점으로 나타나고 있다.

사신으로 가는 아버지의 뒤를 따라온 을기에게 돌아가 무술대회 참여하길 명하지만 을기는 "저는 아버지를 따라가는 길이 고구려를 위한 애국의 길이고, 또 부모님들의 뜻을 따르는 길이라 생각했소이다. 아버님 저는 무술시합장이 아니라 생사를 판갈이 하는 이 길에서 저의 무술은 나라 앞에 검증 받겠으니 저를 꼭 데려가 주소이다."(밑줄-인용자)라고 말하며 자신의 뜻을 굽히지 않는다. 을기는 그의 말대로 맡겨진 전투를 언제라도 치를 준비가 되어 있는 소년이다. 하지만 사신임무 수행에 있어서는 자립적으로, 능동적으로 수행해 나갈 수 있는 능력이 부족해 보이며 누명을 벗고, 사신임을 입증하는 과정 역시 매끄럽지 못하다. 결정적인 순간마다 을기와 무달이를 위험에서 구해내는 을기의 준마 별박이와 풍산개 귀리가 오히려 자립적, 능동적으로 사고하면서 사건을 해결해 나가는 점에서 이들이 조력자의 역할을 다하고 있을 뿐이다.

이러한 여러 가지 문제는 작품의 몰입을 방해하고 있다. 그러나 7부까지 아무런 활약은 없지만 비중이 있어 보이는 몇몇 인물들이 등장만 하고 일화가 없는 것을 볼 때 이후 작품이 더 만들어질 가능성이 높다.

"외세의 침략으로부터 고구려를 지킬 수 있었던 것은 단군의 후손으로 단일민족인 전인민의 애국심과 희생의 대가이며 이 애국심이 고구려를 강성대국으로 만들었다”[3]는 『소년 장수』의 50회 내레이션에 김정일이 제창했던 북한의 강성대국[4]의 욕망이 스며있다면 『고구려의 젊은 무사들』은 이미 고구려가 강성국가라는 전제하에서 시작한다. 고구려의 모습은 애국심이 높은 인민이 살고 있는 매우 부강한 나라로 묘사되고 있기 때문이다. 이 작품이 제작된 2012년 북한의 구호는 “위대한 김정일동지의 유훈을 받들어 강성부흥의 전성기가 펼쳐지는 자랑찬 승리의 해로 빛내이자”[5]는 것이다. 2012년은 김일성 탄생 101주년으로 “주체101(2012)년은 위대한 김정일동지의 강성부흥구상이 빛나는 결실을 맺게 되는 해이며 김일성 조선의 새로운 100년대가 시작되는 장엄한 대진군의 해”[6]이다. 즉 2012년 4월 15일은 북한이 목표로 한 강성대국 원년인 해인 것이다. 이 아동영화가 2012년 제작된 것도 강성대국 원년 즉 강성국가임을 표방하기 위함과 무관하지 않다. 2012년 신년사에는 강성대국이 강성국가로 대체되기 때문이다. 그리고 2014년 신년사에서는 대외 정책 이념으로 자주, 평화, 친선을 꼽으며 “우리 나라의 자주권을 존중하고 우리를 우호적으로 대하는 모든 나라들과의 친선협조관계를 확대발전시키며 세계의 평화와 안전, 인류공동의 번영을 위하여 적극 노력할 것”[7]이라고 강조한다. 『고구려의 젊은 무사들』의 내용에는 북한의 이러한 욕망과 선언이 내재되

---

3) 『소년 장수』50부
4) 강성대국론이 처음 언급된 지면은 1998년 8월 22일자 『노동신문』 정론(政論) 「강성대국」에서이다. 북한은 이 정론에서 강성대국 건설방식을 사상과 군대를 틀어쥐면 주체의 강성대국 건설에서 근본을 틀어쥔 것으로 사상강국, 군사강국을 건설한 이후 그 위력으로 경제를 건설할 것임을 시사했다.
5) 「위대한 김정일동지의 유훈을 받들어 2012년을 강성부흥의 전성기가 펼쳐지는 자랑찬 승리의 해로 빛내이자」, 「로동신문」, 「조선인민군」, 「청년전위」 공동사설, 2012.1.1.
6) 「위대한 김정일동지의 유훈을 받들어 2012년을 강성부흥의 전성기가 펼쳐지는 자랑찬 승리의 해로 빛내이자」, 『로동신문』, 2012.1.1.
7) 조선중앙통신, 2014.1.1.

어있다.

아버지의 죽음 이후 아버지 대신 을기는 고구려 사신으로서 임무와 민족적 긍지 잃지 않으려고 노력한다. 그 가운데 발휘되는 애국주의는 국방의 자위로 확대된다. 늑대족에 의해 나라를 빼앗길 위기에 처한 양인국의 왕은 밀서를 보내 고구려에게 대군을 파병해 줄 것을 요청하지만 고구려의 대신들은 대군의 파병 대신 나라를 지킬 수 있는 자위력을 길러주는 것이 더 바람직하다고 생각한다. 고구려 대신들의 국방에서의 자위에 대한 인식이 명확하게 드러나고 있다. 국방에서 자위는 한 나라의 정치적 독립과 경제적 자립을 의미한다. 『정치사전』에서는 '국방에서 자위의 원칙을 관철하기 위해서는 자위적 무장력을 가져야 하고 자위적무장력은 근로인민의 아들딸로 조직되어야 하며, 국방에서 자위의 원칙을 관철하기 위해서는 자체의 국방공업을 건설해야 한다.'[8]고 기술하고 있다. 이 기술에는 '전인민의 무력화'라는 국방에서의 자위의식이 깔려있다.

양인국에서도 고구려처럼 어리평 시합이라는 무술대회를 열어 장수를 육성하려 하지만 1부에서 그려지는 고구려의 무술시합과는 규모부터가 다르며 양인국의 무술시합은 축제의 분위기가 더 강하다. 양인국의 왕은 공주를 늑대족에 빼앗길 위기에서 모면한 무술시합 바로 다음날 늑대족이 영토에서 나가지 않았음에도 조심성 없이 공주의 기분 전환시켜준다는 명목 아래 사냥 일정을 잡는가 하면 사냥 떠나 자신과 공주를 위험에 노출시킨다. 왕은 국방의 자위에는 관심이 없고, 고구려의 도움만을 기다리고 있는 무능력한 인물이다.

을기는 어렵사리 고구려 사신임을 인정받은 후 양인국 군인들을 훈련시켜 쳐들어 온 적을 막아낸다. "수많은 위험과 죽음의 고비를 이겨

8) 『정치용어사전』, 사회과학출판사, 1970. 98쪽.

낸 우리의 주인공 을기와 무달이 드디어 그들은 고구려 사신 임무를 수행하고 늑대족으로부터 양인국을 지켜냈다."는 7부의 마지막 내레이션은 강성국가의 위치에서 평화를 지키는 수호자로서의 역할과 국제사회에서의 우호적인 국가 간의 친선을 원하는 북한의 욕망이 고스란히 드러나고 있다. 이 작품에서 여기서 양인국을 돕는 고구려가 강성국가인 북한의 모습이기 때문이다. 그리고 그들이 승냥이로 일컫는 미국을 늑대족으로 치환하고 있으며, 양인국을 한 핏줄로 여기는 것을 볼 때 양인국은 남한을 상징하는 것으로 보인다. 애국주의의 작동과 희생을 통해 국방에서 자위의 중요성을 강조한다는 점에서 이 작품은 북한이 요구하는 공산주의 도덕교양에 부합하는 작품이라 할 수 있다.

3. 나오기

북한 아동영화의 강점은 사상성이 강한 영화도 사상성이나 정치성을 민감하게 느끼지 않는 차원에서 아동뿐 아니라 성인들까지 즐길 수 있는 데 있다. 『고구려의 젊은 무사들』은 민족주의와 애국주의를 노골적으로 드러내는 정치적 요소가 매우 높은 작품이다. 그러나 그러나 『고구려의 젊은 무사들』은 내용이 심각하고 엄중한 『소년장수』와 비슷한 서사임에도 분위기가 무겁지 않다. 그것은 웃음을 주는 요소에 있다. 『소년장수』에서 웃음을 유발하는 인물이 호비라면 『고구려의 젊은 무사들』에서는 별박이와 귀리이다. 호비는 도망칠 때의 절박한 모습이 웃음을 유발하는 반면 특히 사람보다 머리도 비상하고, 눈치와 판단력도 빠른 풍산개 귀리는 시청자가 주인공들의 행동에 답답함을 느낄 때 자신이 더 답답해하는 점에서 시청자의 마음을 대변해주고 있다. 귀리가 주인들을 보며 답답해하는 모습은 웃음을 유발하는 장치가 된다. 뿐만 아니라 주인공을 돕기 위해 해결사 역할을 하는 귀리는 감초의 역할을 뛰어 넘어 고도의 의인화와 개의 형상을 오가며 극에 활력과 몰입감을 높여 준다. 귀여운 동물 캐릭터 추가는 웃음은 물론 복잡한 서사를 좀 더 가볍게 아동의 수준으로 이해할 수 있게 유도한다. 그리고 고증에 의거한 배경동화의 사실성, 사실감 있는 전투장면 등은 만화영화가 보여줄 수 있는 장점을 최대한으로 보여주어 예술적 성취도가 높다.

『소년장수』와 같은 기존의 작품이 지도자로 완성되지 않은 인간형이 스스로를 발전 시켜 완결된 인간형으로 성장하는 과정을 그리고 있다면 『고구려의 젊은 무사』들의 을기는 선한 마음씨와 자신의 신념을 행동으로 보임으로서 주변 사람들의 도움을 이끌어내는 고전적 인물형이라는 점에서 진부해 보일 수 있다. 그러나 착하고 정의로운 인물이 성공한다는 교훈을 주고 있는 점, 을기라는 완성되지 않은 인물의 제시를 통해 자기 동일시의 욕망을 자극하고 있다는 점에서 교육적이라 할 수 있다.

북한 아동영화는 이데올로기를 떠나서 동심의 세계는 남과 북이 차이가 없다는 것을 증명해주는 살아있는 화석과 같다. 실제로 북한의 작품들 중에는 대다수가 무삭제로 남한에서 상영해도 무리가 없는 교육적인 작품과 오락성이 강한 작품들이 많다. 대표적인 작품으로 전래동화를 영화화 한 『토끼전』, 「금도끼 쇠도끼」, 『호동왕자와 락랑공주』, 애니메이션을 통해 과학의 원리를 가르치고 있는 『령리한 너구리』시리즈, 『꾀 있는 개미』시리즈, 「신비한 나라」 시리즈, 「청개구리 기상대」, 「도적을 쳐부신 소년』, 『소나무동산의 비상사건』, 「소동은 왜 일어났을까요?」, 「호랑이를 이긴 고슴도치」, 「철이의 방학숙제」, 「용감한 기러기」, 「버들그네」, 「그림토끼들의 운동회」, 「아라공」, 「꼬마 화가」, 「새로 사귄 동무」, 「개미 삼형제」, 「돌배골의 꼬마청서」, 「야옹이의 인사」, 「받지 못한 꽃다발」, 「복남이와 점수들」 등외에도 많은 작품들이 있으며, 『소년장수』 시리즈도 배경 지식 없는 일반인들에게는 오락성이 매우 강한 영화이다.

60년이 넘게 분단이 되어 정서적인 골이 깊어졌다고 하지만 『소년장수』나 북한의 다른 아동영화를 보면 만화영화를 보고 즐기는 어린이들의 동심은 남과 북이 다를 바가 없어 보인다. 2005년 SBS에서 여름방학 특집으로 『령리한 너구리』를 상영한 바도 있는 만큼 하루 빨리 완성도 높은 북한 아동영화의 많은 교류가 이루어지기를 기대해 본다.

참고문헌

1) 영상자료

『고구려의 젊은 무사들』 1-7부.

『겨떡과 금덩어리』, 조선과학교육영화촬영소 아동교육영화 제작소, 1972.

『곱등어를 길들인 소년』, 조선과학교육영화촬영소 아동영화창작단.

『꾀있는 개미』, 조선과학교육영화촬영소 인형영화제작단.

『나비와 수탉』, 조선과학교육영화촬영소 만화영화제작단, 1977.

『너구리의 겨울 차비』, 조선과학교육영화촬영소 인형영화제작단, 1974.

『늙은 왕문어』, 조선과학교육영화촬영소 만화영화제작단, 1976.

『도적을 쳐부신 소년』, 조선과학교육영화촬영소 아동영화창작단, 1975.

『두 장수』, 조선과학교육영화촬영소 인형영화제작단, 1976.

『다람이와 고슴도치』, 조선과학교육영화촬영소 만화영화제작단, 1-32.

『령리한 너구리』 1-50부, 조선과학교육영화촬영소, 1987-2000.

『버들그네』, 조선과학교육영화촬영소 아동영화창작단.

『삐라』.

『소나무동산의 비상사건』, 조선과학교육영화촬영소 아동영화창작단.

『소년 장수』 1-89부, 조선과학교육영화촬영소 아동영화창작단, 1987-2019.

『소동은 왜 일어났을까요?』, 조선과학교육영화촬영소 인형영화제작단, 1975.

『손해 본 너구리』, 조선과학교육영화촬영소 아동영화 창작단.

『아금랑』, 조선과학교육영화촬영소 아동영화창작단, 1985.

『알을 찾은 물오리』, 조선과학교육영화찰영소 아동영화 창작단.

『어린 머슴』, 조선과학교육영화촬영소 지형영화제작단, 1974.
『용감한 아동단원』, 조선과학교육영화촬영소 인형영화제작단.
『잃어버린 1분』, 조선4.26아동영화촬영소, 19분.
『자루 속에 든 승냥이』, 조선과학교육영화촬영소 지형영화제작단, 1975.
『제 굴로 돌아가라』.
『조선의 별』 1-10부, 조선영화촬영소, 1980-1987.
『철이의 방학숙제』, 조선과학교육영화촬영소 아동영화 제작소.
『청개구리 기상대』, 조선과학교육영화촬영소 지형영화제작단 1976.
『토끼전』, 조선과학교육영화촬영소 인형영화제작단.
『호랑이를 이긴 고슴도치』, 조선과학교육영화촬영소 만화영화제작단, 1977.

2) 문헌자료

<기초자료>

『문학예술대사전』 CD, 사회과학원, 2006.
『조선영화년감』 1986-1993
총서 『불멸의 력사』 1-33부, 문학예술출판사, 1978-2008
사회과학원 철학연구소편, 『철학사전』, 사회과학출판사, 1985.
사회과학원 력사연구소편, 『력사사전』 1, 과학백과사전종합출판사, 1999.
사회과학원 편, 『정치용어사전』, 사회과학출판사, 1970.
『1999-2004 남북 애니메이션 교류백서』, 영화진흥위원회, 2004.12.
『조선문학예술년감』, 평양: 문학예술출판사, 2003.
『2차 조선작가대회 문헌집』, 조선작가동맹출판사, 1956.
『철학사전』, 사회과학출판사, 1985.
『정치용어사전』, 사회과학출판사, 1970.
『2차 조선작가대회 문헌집』, 조선작가동맹출판사, 1956.

<단행본>

『로동신문』 2012.1.1., 2013.1.1., 2014.1.1.

『력사사전』ㄱ-ㅂ, 사회과학출판사, 1971.

『조선영화년감』 1986-1993.

사회과학원 철학연구소편, 『철학사전』, 사회과학출판사, 1985.

사회과학원 력사연구소편, 『력사사전』1, 과학백과사전종합출판사, 1999.

북한연구학회편, 『북한의 정치』2, 경인문화사, 2006. 81.

김부식, 과학원 고전연구실 번역 『삼국사기』상, 과학원 출판사, 1958.

김일성, 김일성저작집 회고록 『세기와 더불어』 1, 조선로동당출판사, 1992.

______, 『김일성 저작집』 31-32, 조선로동당출판사, 1986.

______, 『김일성 저작집』 43, 조선로동당출판사, 1996.

김정일, 『김정일 선집』 8, 조선로동당출판사, 2006.

______, 『김정일선집』 9, 조선로동당출판사, 1997.

______, 『김정일 선집』 13, 조선로동당출판사, 1998.

김정일, 『주체사상에 대하여』, 조선로동당출판사, 1991. 5.

김호성, 『주몽』, 평양출판사, 1997. 2005.

일연, 과학원 고전연구실 번역, 『삼국유사』, 과학원 출판사, 1960. 170, 338.

천세봉, 『축원』, 문예출판사, 1980.

마셜 맥루언, 『미디어의 이해』, 민음사, 2002. 35.

베네딕드 앤더슨, 『상상의 공동체 : 민족주의의 기원과 전파에 대한 성찰』, 나남, 2002.

칼.맑스 외, 『마르크스-레닌주의 민족이론: 민족해방이론의 주체적 정립을 위하여』, 편집부 편역, 나라사랑, 1989. 200-204.

<논문>

김은정,「북한 아동영화의 현황과 애국주의: 『아금랑』을 중심으로」,『외국문학연구』 30호 2008.5.

______,「「소년장수」를 통해 본 민족주의의 호출」,『국제어문』51, 국제어문학회, 2010.

______,「총서와 인물유형」,『상허학보』 24집, 상허학회, 2008.10.

______,「북한 추리소설 『네덩이의 얼음』에 나타나 미적용기- 동아시아 일본군 위안부 문제를 중심으로」,『민족문학사연구』 68권, 민족문학사학회, 2018.12.

김정일,「문학예술작품창작에서 혁명적인 전환을 일으킬데 대하여-조선문학예술총동맹산하 창작가들의 사상투쟁회의에서 한 결론」, 1972. 9.6.

김현주,「북한애니메이션의 특성과 활용에 대한 연구-남북한 문화산업 교류협력을 중심으로」, 경남대 북한대학원 석사논문, 2004.

서정남,「애니메이션을 통해 본 북한 아문문화의 이해」,『통일논총』 숙명여자대학교 통일문제연구소, 제18호(2002).

______,「북한 아동영화에서 전래동화를 재현하는 방식에 관한 연구」,『영화연구』 32(한국영화학회, 2007).

이대연·김경임,『북한 애니메이션』, 살림출판사, 2005.

장미진,「북한의 '아동영화' 연구」, 한국문학정책개발원, 1995.

전영선,「북한 아동영화의 창작적 특성과 남북교류 방향」,『문화예술콘텐츠』 1, 2008. 봄.

전영선·김영숙의「북한 아동 교육정책과 아동영화 창작원칙 연구」,『남북문화예술연구』(남북문화예술학회, 2011.6).

Kim Eun-Jung, Shin Ju-Cheol, Kim Yong-Deog, A Study on North Korea's Education-Centering for Middle School, The New Educational Review, Vol.35, No1, WYDAWNICTWO ADAM MARSZAŁ.EK,

<신문·잡지>

「남북합작 만화영화 '왕후심청' 뉴욕서 개봉」,『연합뉴스』 2005.12.30.

『조선신보』 2001.10.1.

『「세계적인 아동영화창작기지 조선4.26아동영화촬영소 가 날로 유명해 지고 있다.」 2001년 11월 22일발 평양 조선중앙통신보도.평양타임스』 2000.9.30.

「영화촬영에 컴퓨터도형기술 리용」,『조선예술』 제3호, 평양: 문학예술출판사, 1999.3.5.

「만화영화에 리용된 콤퓨터기술」,『조선예술』 제9호, 평양: 문학예술출판사, 1999.9.5.

「컴퓨터 영화기술의 기초」,『조선예술』 제11호, 평양: 문학예술출판사, 1999.11.5.

조선영화,「1989-1990년도 전국 아동영화문학 현상모집요강」,『조선영화』 1호(평양: 문학예술출판사, 1990.1.10),

김규창,「아동그림영화미술의 특성」,『조선예술』 11호, 평양: 문학예술출판사, 2000.11.5.

이동훈,「北 만화영화 수준 대단하네… 인기 끌었던 라이온 킹·포카혼타스 수주제작」『국민일보』, 2006.12.6

김혜숙,「주체적과학, 아동영화의 앞길을 밝혀주시여」,『조선예술』 11호, 평양: 문학예술출판사, 2005.11.5.

김혜숙,「주체적인 과학, 아동영화발전의 강령적지침」,『조선예술』 11호, 평양: 문학예술출판사, 2004.11.5.

김혜숙,「생활의 리치를 간명하고 알기쉽게 집중시킨 동화세계-그림영화 <도적을 쳐부신 소년>에 대하여」,『조선영화』 9호, 평양: 문학예술출판사, 1990.9.10.

김혜숙,「우리식 다부작 아동영화의 독특한 면모 -다부작만화영화 <소년장수>

(1~20부)를 보고-」, 『조선영화』 6호, 평양: 문학예술출판사, 1991.6.10.

김명천, 「아동화창작에서 동심과 성격형상」, 『조선예술』, 평양: 문학예술출판사, 2000.2.

리창수, 「부정적 주인공형상과 영화의 사상교양적기능」, 『조선예술』 5호, 평양: 문학예술출판사, 2006.5.5.

리철수, 「어린이들의 심리적특성과 아동화창작」, 『조선예술』 제11호, 평양: 문학예술출판사, 1999.

장명희, "아동영화문학에서 맺어지는 극적인물관계, "『조선예술』 주체 88 제12호, 평양: 문학예술출판사, 1999.

변경희, 「과학지식교육과 사상교양을 결합한 아동영화문학의 주제설정에서 나서는 몇가지 문제」, 『조선예술』 3호, 평양: 문학예술출판사, 2006. 3. 5.

황정균, 「아동화창작에서 동물의인화형상의 진실성 문제」, 『조선예술』 6호, 평양: 문학예술출판사, 1995.6.5.

부록

- 북한의 만화 제작진
- 만화영화 주제가

부록

북한의 만화 제작진

그림 68. 조선4.26영화촬영소 공훈예술가들

그림 69. 조선4.26영화촬영소 공훈예술가들

1) 영화문학

김용권

조선4.26아동영화촬영소 (구 조선과학교육영화촬영소) 영화문학 작가이다. 김용권은 『소년장수』시리즈 중 6-10부, 12부, 14부-20부, 34부, 36부, 40부와 『령리한 너구리』시리즈 중 「높이 재기」와 「순회 우승컵」, 『아금랑』 영화문학을 담당했다. 순수하게 오락적인 면에서만 평가한다면 김용권이 영화문학을 담당한 작품이 가장 재밌다. 그의 특징은 깔끔한 대사를 처리에 있다. 또한 전반적으로 정치사상적인 요소를 노골적으로 표현하기보다는 어린이들 정서에 맞게 내용을 쉽게 묘사하는데 능숙하다. 특히 남성적인 소재를 다른 작가들 보다 많이 취하는 작가이다. 연출은 하지 않고 영화문학만을 전담하는 것으로 보아 문학을 전공한 것으로 추측된다. 특히 그가 맡은 7부는 "어린들의 정서에 맞게 대사를 적게 쓰면서도 그 수준을 한계단 훨씬 높였다."는 평가를 받고 있으며, 장면들도 아동영화의 극치를 이루는 명장면들이 많은 작품으로 평가받고 있다.

김혜숙(여)

조선과학교육영화촬영소 영화문학 작가이다. 아동영화 『호동왕자와 락랑공주』(1991)가 있다.

김화성

조선4.26아동영화촬영소영화문학 작가이다. 「깡충이가 준 약」(평양: 조선과학교육영화촬영소, 1996, 15분), 「눈이 멀었던 사마귀」(평양: 조선과학교육영화촬영소 아동영화창작단, 1996, 18분), 「신기한 수정구슬」(평양: 조선4.26아동영화촬영소, 2000, 28분), 『다람이와 고

습도치』「돌산으로 날아간 특사」8부(평양: 조선4.26아동영화촬영소, 1999),「고슴도치의 위훈」 9부(평양: 조선4.26아동영화촬영소, 1999),「검은열쇠」11부(평양: 조선4.26아동영화촬영소, 1999),「비밀문건」13부(평양: 조선4.26아동영화촬영소),「적후에서의 한순간」14부(평양: 조선4.26아동영화촬영소),「흰눈작전」15부(평양: 조선4.26아동영화촬영소) 등 8-26부, 28부까지의 영화문학을 리영춘과 함께 담당했다. 속편 작가로 선정된 김화성은 2005년 2월 "중학교 시절 '다람이와 고슴도치'를 즐겨봤는데 설마 내가 그 작품의 작가가 되리라고는 꿈에도 생각지 못했다"[1]며 감개무량하다는 소회를 밝혔다. 이 외에도 『고구려의 젊은 무사들』6부,「물러설 수 없는 길」(평양: 조선4.26아동영화촬영소, 2012, 29분),「혹 뗀 이야기」(평양: 조선4.26아동영화촬영소, 2012, 28분),「남이의 옷차림」(평양: 조선4.26아동영화촬영수, 2012, 10분) 등이 있다.

김혁철

김혁철은 영화문학과 연출을 넘나드는 재원으로「포수의 아들」(평양: 조선4.26아동영화촬영소, 2012. 27분)은 연출과 영화문학을 담당한 작품이다. 연출로는「새겨두자요」(평양: 조선4.26아동영화촬영소, 2011. 17분) 등이 있다.

리영춘

소설가로 데뷔했으며, 영화문학도 담당하고 있다. 소설로는 단편소설「보람찬 일터」『천리마』(1984.5),「전사의 마음」. 『천리마』(1985.7), 등이 있으며, 영화문학으로는 『다람이와 고슴도치』「고슴도치의 위

1) 『조선신보』. 2005. 2.2.

훈」「돌산으로 날아간 특사」8부(평양: 조선4.26아동영화촬영소, 1999), 9부(평양: 조선4.26아동영화촬영소, 1999), 「돌산에서의 격전」10부(평양: 조선4.26아동영화촬영소, 1999), 「검은열쇠」11부(평양: 조선4.26아동영화촬영소, 1999), 「위험한 적수」12부(1999), 「비밀문건」13부(평양: 조선4.26아동영화촬영소), 「적후에서의 한순간」14부(평양: 조선4.26아동영화촬영소), 「흰눈 작전」15부(평양: 조선4.26아동영화촬영소), 「신기한 수정구슬」(평양: 조선4.26아동영화촬영소, 2000, 28분), 「철이가 가져온 장수버섯」(평양: 조선4.26아동영화촬영소, 2015, 17분), 『령리한 너구리』 (제59)부 「수림산에서 있은 일」(평양: 조선4.26아동영화촬영소, 2007, 16분) 등이 있다.

리종순(?-1997)

영화문학작가 함경남도 북청군 지만리에서 태어났다 일제강점기에 서울에서 중학교를 다니면서 일본 문학교원에게 개별적으로 문학수업을 받았다고 전해진다. 1948년 조선영화인동맹 중앙위원, 한국전쟁 시기 인민군위문단 정리책임자, 1955년 조선문학예술총동맹 중앙위원, 1959년 조선영화인동맹 상무위원 1962년 동 중앙위원회 위원장, 조선영화문학창작사 부사장 1980년 6월 백두산창작단 부단장, 1982년 2월 조선영화인동맹 위원장, 4.15문학창작단 부단장등을 역임했으며, 1962년 영화인대표단 단장으로 소련을 방문했다. 1981년 노력영웅칭호와 국가훈장 제 1급, 1986년 영화문학부문 김일성상, 1990년 월12김일성상을 수상했다. 1997년 11월3일 사망했다 영화문학 「조선의 별」(10부작) 은 그의 대표작 가운데 하나이다. 작품으로는 예술영화

「준령을 넘어서」(1959), 「벗들이여 우리와 함께 가자」(1960), 「두만강」(1960), 「붉은 꽃」(1963), 「그 날을 잊지 말자」(1963), 「한 지대장의 이야기」(1966), 「첫 무장대오에서 있은 이야기」(1978), 「조선의 별」(4-6 , 7 , 8 , 9 , 10, 1981~1988), 아동영화 「령리한 너구리」(평양: 조선과학교육영화촬영소, 1991) 등이 있다.

박태술

조선과학교육영화촬영소 영화문학 작가이다. 작품으로「물에 빠진 너구리」, (1986), 「호박 따는 날」(1986), 「남수의 환상'(평양: 조선과학교육영화촬영소, 1988), 「다시 돌아온 곰」(평양: 조선과학교육영화촬영소, 1988), 「알을 찾은 물오리」(평양: 조선과학교육영화촬영소, 1988), 약샘을 찾아 떠난 두 소녀」(평양: 조선과학교육영화촬영소, 1992), 「유희장에 간 꿀꿀이」(평양: 조선과학교육영화촬영소, 1992) 등이 있으며, 「범을 타고 온 소년」1-2부(평양: 조선과학교육영화촬영소, 1991, 27분)을 각색하였다. 최인성과 함께 「잘못 고른 일감」(평양: 조선4.26아동영화촬영소, 2007, 19분)의 영화문학을 공동집필 하였다.

방순영

조선과학교육영화촬영소 작가이다. 아동영화 『령리한 너구리』(평양: 조선과학교육영화촬영소, 1991)

오영림

현재 재 40대 초반의 작가인 오영림은 예술영화와 텔레비전극의 영화문학을 담당하면서 『소년 장수』 시나리오도 쓰고 있다. 그가 집필한 예술영화는 『복받은대지에서』(2010)를 홍원철과 공동집필하였으며, 텔레비전 예술영화 『구월산에 와보라』(2000), 텔레비전극

『우리녀자 축구팀』 1-5부(평양: 텔레비죤극창작단, 2011) 등이 있다. 그는 『조선예술』2001년 4월호에 실린 「작가의 첫 걸음」이라는 창작 수기를 통해 '대학을 졸업하지 겨우 5년에 불과하고 2001년 새해에 방영된 「구월산에 와 보라」로 팬들에게 편지와 전화를 많이 받고 있다' 쓰고 있다. 그는 리영춘과 같은 대학 같은 과를 졸업한 친구이다.

차계옥

조선과학교육영화촬영소 영화문학작가이다. 영화문학 아동영화 「제일 큰 힘」(평양: 조선과학교육영화촬영소, 1985), 「우쭐대던 개구리」(평양: 조선과학교육영화촬영소, 1986), 「다정한 동무」(평양: 조선과학교육영화촬영소, 1986), 「재미있는 이야기」·「세 동무」(평양: 조선과학교육영화촬영소, 1988) 등이 있다.

최인성

조선4.26아동영화촬영소, 영화문학 작가이다. 『다람이와 고슴도치』30-32부 「원쑤들은 간악한가」, 「승냥이 소굴에로」, 「원쑤를 맞받아」(평양: 조선4.26아동영화촬영소, 2010- 2012), 「동줄토리가 일으킨 소동」(평양: 조선4.26아동영화촬영소, 2009, 15분), 「잘못 고른 일감」(평양: 조선4.26아동영화촬영소, 2007)을 박태술과 함께 공동집필했으며, 『토끼형제와 승냥이』제4부 「부러진 검은 날개」(평양: 조선4.26아동영화촬영소, 2004, 15분)을 집필했다.

한영

조선4.26아동영화촬영소 영화문학 작가이다. 영화문학으로 「지혜로운 거부기」(평양: 조선4.26아동영화촬영소, 1999), 『고구려의 젊은 무사들』 1, 4, 7부의 영화문학을 창작했다.

황석환

황석환은 『소년장수』 시리즈 중 1-5부의 영화문학을 담당한 작가이다. 그는 『령리한 너구리』시리즈 중 「부정선수」와 예술영화 『하늘의 6부자』의 연출을 담당하기도 했다. 그는 반전의 묘미를 살릴 줄 아는 작가라고 할 수 있다. 상당히 구성에 신경을 쓰며, 시각적으로 표현하기 힘든 이야기 구조를 자주 사용하는 작가로 만화영화라는 매체에 대한 이해가 부족한 것처럼 보이기만 대사처리나 스토리 구성에 있어서는 상당한 실력을 보여준다. 특히 사실주의적 묘사, 고구려 민속묘사가 두드러진 작품의 영화문학을 주로 담당하고 있다. 그는 주로 연출가인 손종권과 미술가이며 공훈예술가 김택전, 연출가이자 미술을 넘나드는 김용권 등 거물급들과 함께 작업을 하고 있다.

2) 연출

김관선

김관선은 현재 영화 창작단 부총장이다. 『소년장수』 16부와 『령리한 너구리』시리즈 중 「불을 일으킨 얼음」, 「쫓겨간 호랑이」, 「잘못 안 시간」, 「응당한 봉변」을 연

출했다. 만화영화의 기법에 대한 과감한 실험정신이 돋보이는 연출가이다. 재미나 주제 의식보다는 만화영화의 기술적 발전에 대한 공로로만 작가를 평가한다면 단연 그가 북한 최고라 해도 과언이 아닐 만큼 실험정신이 뛰어나다. 서양의 영화에 대한 연구를 했는지 확인할 길이 없으나 서양 영화에서 보이는 구성들을 만화영화에 도입하고 있어 화면 구성이나 영상의 효과를 통해 예술적 질을 높이고 있다. 다른 작가들이 잘 쓰지 않는 독특한 화면분할이라든가 다소 생소한 기법들을 사용함으로써 혁신적인 면을 보인다. 김광성이 오락적인 면에서 탁월한 재능을 발휘하고 있다면 김관선은 뛰어난 실험정신을 통해 북한의 아동영화의 예술적 수준을 높이는데 기여하고 있다. 김관선은 단편소설의 삽화를 그리기도 했으며, 『놀이감들의 <비상사건>』(1984)이라는 그림책을 출간하기도 하였다.

김광선 (공훈예술가)

김광성은 4.26아동영화촬영소 제1창작단 연출가로 1991년 3월에 진행된 조선영화축전에서 '2.16영화연출상'을 받았으며, 1991년 만화영화합작대표단 단장으로 프랑스를 방문했다. 1997년 6월 24일 공훈예술가 칭호를 받았다. 『소년장수』시리즈 중 7부-9부, 13부, 15부, 23부, 35부, 37부, 39부, 41-42부, 46-47부, 49부의 연출을 21부, 24-29부, 31-33부 영화문학과 연출을, 30부의 영화문학을 담당했다. 이외에도 『령리한 너구리』와 『룡을 이긴 사람』, 『꾀있는 개미』(제4부), 『도적을 쳐부신 소년』(1985), 『강을 건너온 과일』(1989), 「신기한 수정구슬」(평양: 조선4.26아동영화촬영소, 2000, 28분), 「농부와 얼룩이」(평양: 조선4.26아동영화촬영소, 2000), 「적후에서의 한순간」14(평양: 조선4.26아동영화촬영소), 「흰눈작전」15부(평양: 조선4.26아동영화촬영소)의 연출을 담당했다. 『령리한 너구리』시리즈 중 「스키경기」, 「장애물경기」의 영화문학과 연출을 맡았고 「지름길」을 연출했다. 그리고 「산삼꽃」의 영화문학을 담당했다. 연출력을 인정받아 영화문학에도 참여하게 된 가장 대표적인 사람이다. 전반적으로 연출력이 호쾌하고 액션이 많이 등장하여 보는 재미를 주는데 일가견을 지닌 연출가이다. 영화문학까지 맡은 <스키경기>나 <장애물 경기>를 보면 구성에 있어서도 오락적인 요소를 가장 능란하게 다루는 실력을 지니고 있어 당장 자본주의 시장에 내놓아도 손색없는 연출력을 보유하고 있다. 대부분의 북한 영화가 대사를 중심으로 하여 이야기 구조를 강조하는데 비하여 그의 작품은 대사보다는 시각적인 재미에 초점을 맞추고 있다. 그러나 영상미학적인 새로운 시도의 없음과 예술적인 실험정신은 다소 결여된 듯하여 성인의 경우 장시간 반복되는 액션에 지루함을 느낄 수도 있지만 아동들의 시선에 맞춰 '보는 재미'가 무엇인지를 잘 보여주는 감독이다. 그 때문인지 정치적인 요소가 가장 약한 작품들에 많이 기용이 되고 있다. 그러나 『소년장수』에서는 틀에 얽매여 참신함을 잃고 있다. 즉 그가 지닌 장점이 오히려 작품을 지루하게 하는 요인이 된다. 현재는 그의 아들 김진혁이 연출을 맡고 있다.

김영철

조선4.26아동영화촬영소 연출가이다. 『다람이와 고슴도치』 「돌산으로 날아간 특사」8부(평양: 조선4.26아동영화촬영소, 1999), 「고슴도치의 위훈」 9부(평양: 조선4.26아동영화촬영소, 1999), 「돌산에서의 격전」10부(평양: 조선4.26아동영화촬영소, 1999), 「검은열쇠」11부(평양: 조선4.26아동영화촬영소, 1999), 「위험한 적수」12부(1999), 「비밀문건」13부(평양: 조선4.26아동영화촬영소), 「덕만이와 쇠돌이」(평양: 조선4.26아동영화촬영소, 2000), 「향기골에서 온 감자」(평양: 조선4.26아동영화촬영소, 2000), 「파란 샘물」제1-3부(평양: 조선4.26

아동영화촬영소, 2004, 69분)을 오신혁과 함께 연출했다.

김준옥(인민예술가)

김준옥 황해남도 벽성군의 벽촌에서 출생. 1935년생으로 1963년 평양미술대학 영화미술과를 졸업했으며, 1963년부터 아동영화 1963년부터 아동영화 연출가로 있는 조선4.26아동영화촬영소 인민예술가이다. 그는 현재 만화영화 영화문학가, 미술가, 연출가로 활동 중이다.

그는 「억쇠」(1968년), 『소년장수』12부, 17-18부와 「날개달린 룡마」, 『다람이와 고슴도치』1~4화(감독), 『령리한 너구리』와 다른 나라와의 합작영화들인 『삐쁘와 헤리꿀』(1-134부), 『사자왕 씸바』(1-100부)를 비롯하여 370여편의 만화영화들을 연출하였으며, 『재간둥이 멍멍이』와 『재미있는 이야기』시리즈 중 「먹이를 찾던 두 짐승」과 「구멍을 넓힌 쥐」의 「령리한 너구리」50부 등의 영화문학과 연출을 맡았으며 『다람이와 고슴도치』의 영화문학을, 『여우의 매방울소리』(1986)에서는 작가, 연출, 미술까지 담당했다. 프랑스와 공동 제작한 『Pif et Hercule』(1989) 『선녀와 나무꾼』(2008)과 『홍부와 놀부』(2008)를 연출하였으며, 『타이타닉의 전설』에서는 미술을 담당했다.

연출가로서는 미국의 애니메이션과 흡사한 스타일을 지닌 보기 드문 재능의 소유자이다. 특이한 점은 영화문학을 전담한 「다람이와 고슴도치」에서 보듯 영화문학만 담당한 작품은 작품의 질이 매우 떨어지나 연출과 영화문학을 함께한 「재간둥이 멍멍이」, 「먹이를 찾던 두 짐승」, 「구멍을 넓힌 쥐」, 『여우의 매방울소리』에서는 작품의 높은 질과 탁월한 작가적 소양을 보이고 있다. 「재간둥이 멍멍이」의 경우에는 북한에서는 보기 드문 그림체를 선보이며 변신의 모습을 보여 주기도 했고 나머지 두 작품에서는 고전적인 만화영화 연출기법의 모든 것을 보여주는 능숙함을 보여 주었다. 정치적인 주제를 보다는 예술적 작품에서 재능을 발휘하는 그는 김관선과 김광성의 장점을 고루 갖춘 작가라 할 수 있다.

김택전

조선4.26아동영화촬영소 (구 조선과학교육영화촬영소)의 연출가이다. 『범을 타고 온 소년』1-2부(평양: 조선과학교육영화촬영소, 1991, 27분), 「삼형제에 대한 이야기」(평양: 조선4.26아동영화촬영소, 2009, 21분), 「나무할아버지가 준 선물」(평양: 조선4.26아동영화촬영소, 2007, 14분) 등이 있다.

류충웅

조선과학교육영화촬영소 연출가로 2011년까지 4.26아동영화촬영소 제5 창작단 단장을 지냈다. 1997년 6월 공훈예술가 칭호를 받았다. 지형영화의 일반화를 깨고 오히려 만화영화가 할 수 없는 다양하고 회화적인 색채를 사용하여 지형영화인지 만화영화인지 구분하기조차 어렵게 만든다. 지형영화에 관한 세계적 수준을 보여주는 독보적인 인물이다.

작품으로는 「차에서 떨어진 승냥이」(평양: 조선과학교육영화촬영소, 1985), 「호박 따는 날」(평양: 조선과학교육영화촬영소, 1986), 「아금랑」(평양: 조선과학교육영화촬영소, 1985), 「꾀 있는 개미」·「딸기 따는 날」·「달나라 만리경」(평양: 조선과학교육영화촬영소, 1988), 「거부기가 만든 초롱」·「꽃다리」 (평양: 조선과학교육영화촬영소, 1991) 「금붕어가 물어온 무씨」·「풍년벌에서 있은 일」 (평양: 조선과학교육영화촬영소, 1992) 영화문학으로 「차에서 떨어진 승냥이」(평양: 조선과학교육영화촬영소, 1985), 「잘못 나눈 보약」(평양: 조선과학교육, 1991), 「소나무동산의 비상사건」 등이 있다. 그는 사망한 것으로 알려져 있다.

리인철

조선4.26아동영화촬영소 연출가이다. 2001년11월4일자 『노동신문』 보도에 의하면 평양연극영화대학을 졸업한 리인철은 "영화 창작의 사령관"으로 불릴 정도로 애니메이션계를 이끌고 갈 차세대 연출가로 평가 받았던 인물이다. 촬영소에 입사한지 1년도 채 지나지 않아 인형극 「알라공」(1994) 으로 인정을 받은 그는 2000년 10월10일 노동당 창당 55주년을 기해 개봉된 「거부기 거북이 와 벌새」를 비롯해 15편의 인형 및 지형영화를 연출했다 연출한 작품으로는 「아홉명의 뱃사공」(평양: 조선4.26아동영화촬영소, 2008, 26분), 「작은 산삼과 큰 산삼」(평양: 조선4.26아동영화촬영소, 2009, 20분), 「다람이이와 고슴도치」30-32 (평양: 조선4.26아동영화촬영소, 2010-2012), 「길을 잃었던 깜장이」(평양: 조선4.26아동영화촬영소, 2010, 21분), 「용남이가 먹은 약」(평양: 조선4.26아동영화촬영소, 2012, 18분), 「개미와 왕지네」(평양: 조선4.26아동영화촬영소, 2012, 18분), 「바위를 뚫은 화살」(평양: 조선4.26아동영화촬영소, 2011, 22분) 등이 있다.

마죽희

조선과학교육영화촬영소 아동영화창작단 연출가이다.

작 연출 아동영화 「꿀꿀이가 본 온도계」, 「여우가 놓은 다리」, 「꿀단지」, 「남수의 환상」, 「알을 찾은 물오리」 등을 연출했다.

손종권

조선4.26아동영화촬영소 연출가이다. 손종권은 1942년생으로 평양연극영화대학을 졸업했으며, 1965년부터 조선과학교육영화촬영소 아동영화연출가로 활동했다. 1991년 5월 공훈예술가 칭호와 노력훈장을 받았다. 1992년 제 2차 2.16조선영화축전에서 아동영화부문 영화연출상을 수상했으며, 2001년 5월 인민예술가 칭호를 받았다. 2011년 제2창작단의 작가로 있었다.

그는 황석환과 작업을 같이 했으며, 『소년장수』시리즈 중 1-5부, 10부, 14부, 20부, 30-31부, 34부, 38부, 40부, 44부를 연출했고, 『령리한 너구리』시리즈 중 「후보선수」, 「세동무」, 「호랑이를 이긴 고슴도치」, 「쫓겨난 여우」, 「다시 돌아온 곰」, 「메돼지네 담장」(1985.9 작가·연출), 「물에 빠진 너구리」(1986.1), 「없어진 생일날」(1986.4), 「지혜로운 거부기」(평양: 조선4.26아동영화촬영소, 1999)의 연출도 담당했다. 그는 북한의 만화영화계에서 가장 안정된 연출력을 보유하고 있는 것으로 보인다. 전반적인 구성은 다소 지루한 감이 있지만 주제를 밀도 있게 접근하는 연출가이다. 특히 손종권이 연출한 『소년장수』 1-5부에서 볼 수 있는 동맹무, 수렵, 문양, 의상, 단오, 추석의 차례, 절 등의 민속적인 배경화는 속적 측면이 세밀하게 고증되어 사실적이며, 만화라기보다는 수묵화를 보는듯한 예술적 경지를 보여주고 있다.

오신혁

조선4.26아동영화촬영소 연출가이다. 『방울소리』(제5부)「방울재주」(평양: 조선4.26아동영화촬영소, 2002, 15분)을 연출했으며, 「파란 샘물」제1-3부 (평양: 조선4.26아동영화촬영소, 2004, 69분)을 김영철과 함께 연출했다.

윤영길

조선4.26아동영화촬영소 연출가이다. 연출한 작품으로는 「불씨를 찾은 아왕녀」 (평양: 조선4.26아동영화촬영소, 2012, 28분), 『고구려의 젊은 무사들』 1-7부, (평양: 조선4.26아동영화촬영소, 2012-2014), 「손장수와 발장수」(평양: 조선4.26아동영화촬영소, 2009, 21분), 「세포수」 (평양: 조선4.26아동영화촬영소, 2008, 20분), 「찰칵이가 찍은 사진」 (평양: 조선4.26아동영화촬영소, 2008, 20분), 「원쑤갚은 소년」(평양: 조선4.26아동영화촬영소, 2007, 24분) 등이 있다.

장철수(공훈예술가)

조선4.26아동영화촬영소 연출가이다. 장철수는 부연출을 주로 맡았으나 『소년 장수』 57부에서부터 연출을 하기 시작했다. 이외에 연출한 작품으로는 「남이가 키운 감나무」(2016, 17분)이 있다.

한영철

조선4.26아동영화촬영소 연출가이다. 다람이와 고슴도치』, 「고슴도치의 위훈」 돌산으로 날아간 특사」8부(평양: 조선4.26아동영화촬영소, 1999), 9부(평양: 조선4.26아동영화촬영소, 1999), 「12부(1999), 「신기한 수정구슬」(평양: 조선4.26아동영화촬영소, 2000, 28분), 「농부와 얼룩이」(평양: 조선4.26아동영화촬영소, 2000) 등을 연출했다.

3)촬영

강태영

조선과학교육영화촬영소 촬영가이다. 주로 아동영화 「령리한 너구리」 시리즈 물을 촬영했다. 아동영화 「메돼지네 담장」·「물에 빠진 너구리」(평양: 조선과학교육영화촬영소, 1985) 「여우의 매방울소리」(평양: 조선과학교육영화촬영소, 1986), 「령리한 너구리」(평양: 조선과학교육영화촬영소, 1988, 1989, 1991)등이 있다.

고병화

조선과학교육영화촬영소 촬영가이다. 1991년 아동영화창작단 단장을 지냈으며, 현재는 지형영화창단 단장이다. 1991년 제 1차 조선영화축전에서 아동영화 『소년장수』로 2.16 촬영상을 수상했다. 공훈예술가 칭호 노력훈장을 받았다. 촬영작으로는 아동영화 「멍을 넓힌 쥐」(평양: 조선과학교육영화촬영소, 1985), 「도적을 쳐부신 소년」, (평양: 조선과학교육영화촬영소, 1985), 「먹이를 찾던 두 짐승」(평양: 조선과학교육영화촬영소, 1985), 「남수의 환상」(평양: 조선과학교육영화촬영소, 1988), 「다시 돌아온 곰」(평양: 조선과학교육영화촬영소, 1988), 「달나라 만리경」(평양: 조선과학교육영화촬영소, 1988), 『령리한 너구리』시리즈, 「알을 찾은 물오리」(평양: 조선과학교육영화촬영소, 1988), 「재미있는 이야기」(평양: 조선과학교육영화촬영소, 1988), 「꾀 있는 개미」(평양: 조선과학교육영화촬영소, 1988), 「산삼꽃」(평양: 조선과학교육영화촬영소, 1989), 「금붕어가 물어온 무씨」(평양: 조선과학교육영화촬영소, 1992) 등이 있다.

이영호

조선과학교육영화촬영소 촬영가이다. 1992년 제 2차 2.16조선영화축전에서 영화 촬영상을 수상했다. 그가 촬영한 작품으로는 아동영화 「꿀꿀이가 본 온도계」(평양: 조선과학교육영화촬영소, 1985), 「여우가 놓은 다리」(평양: 조선과학교육영화촬영소, 1985), 「차에서 떨어진 승냥이」(평양: 조선과학교육영화촬영소, 1985), 『령리한 너구리』, 「높이재기」(평양: 조선과학교육영화촬영소, 1988), 『령리한 너구리』, 「야구경기」(평양: 조선과학교육영화촬영소, 1989) 등 『령리한 너구리』 시리즈의 촬영을 맡았다.

이원택

조선과학교육영화촬영소 촬영가이다. 작품으로 촬영 아동영화 『소년장수』(평양: 조선과학교육영화촬영소)의 『범을 타고 온 소년』(1991) 등이 있다.

4) 미술/ 컴퓨터 그래픽

김광수(1972~)

컴퓨터 그래픽 창작가 4.26 아동영화촬영소 3D 화상처리실 컴퓨터 그래픽창작가이다. 아동영화 「셋째의 착한 마음」 (평양: 4.26아동영화촬영소, 2002)에 참여했다.

김경호(1969~)

평양미술대학을 졸업했다 조선과학교육영화촬영소 미술가를 지냈다. 삼지연 창작사 단장이자 조각가 김재경의 아들이다. 아동영화 『령리한 너구리』(평양: 조선과학교육영화촬영소, 1991) 등에 참여했다.

김영철

조선과학교육영화촬영소 미술가이다.

1986년작 판화 『오가산 마루에서』, 『조선화 철길 우에 피는 꽃』(1986), 『함부로 날뛰지 말라』(1991), 『전승의 아침』(1994), 『승리의 아침』(1995) 등이 잇으며, 1988년 산업미술 경축야외무대도안을 하였다. 영화미술로는 아동영화 「다시 돌아온 곰」(평양: 조선과학교육영화촬영소, 1988), 『령리한 너구리』 「후보선수」(평양: 조선과학교육영화촬영소, 1988), 『꾀 있는 개미』 제4 부 「강을 건너온 과일」(평양: 조선과학교육영화촬영소, 1989), 『소년장수』, 「얼룩이의 손자리」(평양: 조선과학교육영화촬영소, 1991), 「소녀포수」(평양: 조선과학교육영화촬영소, 1992)등이 있다.

도철

조선과학교육영화촬영소 미술가이다. 아동영화 「약샘을 찾아 떠난 두 소녀」(평양: 조선과학교육영화촬영소, 1992) 등이 있다.

문성

조선과학교육영화촬영소 미술가이다. 영화미술로 아동영화 『령리한 너구리』 등이 있다.

문창일

영화미술가로 조선4.26 아동영화촬영소 원도실장을 지냈다 지금은 삼지연창작사 원도실장이다.

백학

영화미술가로 1987년 평양미술대학을 졸업했다. 조선과학교육영화촬영소 미술가를 거쳐 조선4.26아동영화촬영소 대본미술가로 활동한다. 화가 백학훈의 아들이다.

책임미술을 맡았던 작품으로는 아동영화 『령리한 너구리』 (26, 30, 35부), 「부 삐쁘와 에르꿀」, 「검은 해적」, 「씸바」 등이 있다.

오광성

조선과학교육영화촬영소 미술가이다. 아동영화 『령리한 너구리』 「응당한 봉변」, 「야구경기」, 「랭동차 안에서」 등의 미술을 맡았다.

오순남

조선과학교육영화촬영소 미술가이다. 1991년 제 1차 조선영화축전에서 아동영화 『호동왕자와 락랑공주』로 미술상을 받았다. 『령리한 너구리』 등의 미술을 맡았다.

오신택

조선과학교육영화촬영소 미술가이다. 아동영화 『소년장수』와 여러 만화영화의 미술을 담당했다.

홍종철

컴퓨터 그래픽 창작가로 2001년 11월 4일자 『노동신문』 보도에 의하면 미술가 홍종철은 대학 졸업 후 10여 년간 아동영화에 종사해왔다. 특히 컴퓨터를 이용해 그림을 그리는데 뛰어난 실력을 갖추고 있다. 그는 해외로부터 수주한 애니메이션 제작에 참여해 개성적인 동물과 인물들을 창조하여 주목을 받고 있다고 한다.

5) 화술배우

북한에서는 성우를 화술배우라고 한다. 원정숙의 말을 인용하여 “그 모든 작품들은 정의가 부정의를 타승하고 선이 악을 이기는 것으로 되어있을뿐만아니라 조국의 미래를 떠메고 나갈 후대들에게 다방면적인 지식을 주고 례의도덕을 지키도록 일깨워주며 동무들과 고향을 우해서는 자기 한몸을 다 바치는 사랑의 마음을 심어주고 있다.[2]” 고 화술배우가애국심과 긍지가 높은 직업으로 소개하고 있다.

동윤미

4.26 아동영화촬영소 화술배우이다.『소녀 장수』에서 호비의 아내 소미역을 맡고 있다.

리광학

4.26 아동영화촬영소 화술배우이다.『소년 장수』에서 청년 날새를 연기하고 있다.

리은주

2019년 현재 4.26 아동영화촬영소 화술배우 실장이다.『소년 장수』에서 연지 역을 맡고 있다.

2) 김성철,「아동영화의 화술배우」,『금수강산』8호(평양: 문학예술출판사, 2004), pp. 32-33.

림복희

4.26 아동영화촬영소 화술배우이다. 『소년 장수』에서 호비 어머니 역을 연기하고 있다.

신광성

4.26 아동영화촬영소 화술배우이다. 『소년 장수』에서 장군 쇠메를 연기하고 있다.

송영숙

화술배우 실장이다. 송영숙은 1991년부터 아동영화 성우로 활동했다. 아동영화 「령리한 너구리」, 「다람이와 고슴도치」 등 150여 편의 제작에 참여했다.

송현일

국립연극단 배우이다. 『소년 장수』에서 호비를 연기하고 있다.

원정숙(1953-)

화술배우 평양음악무용대학을 졸업했다. 4.26 아동영화촬영소 화술배우이다. 아동영화 『령리한 너구리』, 『다람이와 고슴도치』 「전화소동」, 「멍멍이 벽시계」, 「재채기한 조각」, 「너구리와 승냥이」 등이 있다.

최정화

국립연극단 배우이다. 『소년 장수』에서 국화를 연기하고 있다.

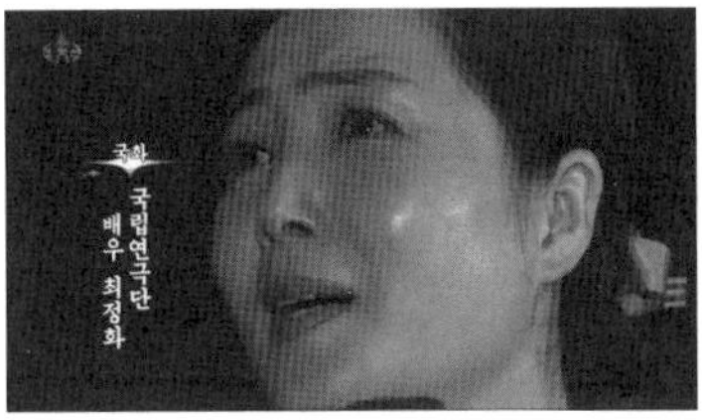

6) 작곡

김명희

작곡가. 아동영화 「도적을 쳐부신 소년」, 「제일 큰 힘」 「차에서 떨어진 승냥이」, 「다시 돌아온 곰」, 「령리한 너구리」, 「우쭐대던 개구리」, 『소년장수』의 음악과 예술영화 『우리 대의원』 등의 영화 삽입곡을 작곡하였다.

김성희(1975~)

작곡가. 7살 때 피아노를 배우기 시작해 대학에서도 피아노를 전공했으며 1999년 평양음악무용대학을 최우등으로 졸업했다. 영화 및 방송음악단 작곡가이다. 극 영화 『멀리에 있는 섬』의 주제가와 삽입음악으로 데뷔하였으며, 그 뒤 TV드라마 『첨단선』, 『삶의 밑천』, 『심장으로 보는 처녀』 등 10편의 영화에서 음악을 맡았다. 아동영화로는 『방울소리』의 주제가로 알려져 있다.

백인선

작곡가. 만화영화 『호동왕자와 락랑공주』, 「버들그네」, 「알을 찾은 물오리」 예술영화 『나의 고지』, 『내가 사랑하는 처녀』 등의 주제가를 작곡했다.

7) 예술행정가

김수원

2019년 현재 4.26 아동영화촬영소 총장이다.

김효준

2019년 현재 4.26 아동영화촬영소 부총장이다.

김철수

예술행정가로 1994년 김책공업종합대학을 졸업했다. 4.26아동영화촬영소 현장기사를 거쳐 기술부문 부총장을 역임했다. 참조 조선중앙텔레비전 (2001. 10. 15.)

김철진

예술행정가로 20016년까지 4.26 아동영화촬영소 총장을 지냈다.

김태홍

예술행정가로 4.26아동영화촬영소 단장이다.

윤영일

예술행정가로 4.26아동영화촬영소 실장이다.

조명덕

예술행정가로 4.26아동영화촬영소 제1창작단 단장이다.

8) 지휘자

장명일

평양영화음악녹음소 부소장이며 지휘자이다. 『소년장수』 주제가와 삽입곡을 지휘하였다.

부록

만화영화 주제가

1.『령리한 너구리』

「다정한 동무」

작곡 김명희

손잡고 나란히 뛰어갈 때면
한없이 다정한 친한 동무들
경기에선 서로서로 양보를 모르네
높은 산 깊은 강 앞을 막아도
지혜로 헤쳐온 슬기론 동무
일등에선 양보없는 령리한 너구리

2. 『다람이와 고슴도치』 주제가

「우리는 꼬마정찰병」

작사 김준옥·작곡 김명희

찬이슬 내리는 깊은 이밤에 정다운 동산 위하여
원쑤의 소굴을 찾아서 가는 우리는 꼬마정찰병
사나운 비바람 앞을 막아도 슬기와 용맹 떨치며
천백배 원쑤를 복수하리라 기어이 복수하리라
기쁨도 시련도 함께 나누며 간악한 원쑤 부시고
승리의 그날에 다시 만나리 우리 다시 만나리

「철벽의 동산 꾸려나가자」(행진조로)

작사 김준옥·작곡 김명희

용감하고 슬기로운 꽃동산의 동무야
모두 모두 함께 뭉쳐 우리 동산 지키자
사나운 원쑤가 덤벼들어도
우리 힘 지혜로 무찔러나갈
철벽의 동산 꾸려나가자
봄이 오면 온갖 새들 노래하는 꽃동산
가을이면 황금이삭 무르익는 꽃동산
우리의 행복을 노리는 원쑤
우리 힘 지혜로 무찔러나갈
철벽의 동산 꾸려나가자
용감하고 슬기로운 꽃동산의 동무야
훈련으로 다진 용맹 떨칠 때는 왔고나
복수의 총창을 비껴들고서
원쑤를 맞받아 돌진해가자
돌격의 나팔 높이 울려라

3. 『소년장수』 주제가

「출전북을 울려라」

작사 황석환·작곡 김명희

둥둥 둥둥 출전북을 울려라
번쩍 번쩍 창검높이들어라
잘 가거라
소년 남아야
원수들을 무찌르고 돌아오너라

둥둥 둥둥 출전북을 울려라
펄펄 펄펄 기발높이 날려라

잘 있거라
고향산천아
승전고를 울리면서
돌아오리라

둥둥 둥둥 출전북을 울려라
번쩍 번쩍 창검높이들어라
침략자를 용서를
용서할소냐
원쑤들을 쳐부수자
한칼에 치자

「우리도 소년 장수다」

작사 김광성·작곡 김명희

날아가는 새들아 뽐내지말아
우리들도 너처럼 날아갈테다
쩌쩌쩌쩌 날아갈테다
쩌쩌쩌쩌 우릴누가 당하랴
말을 몰아가자 말을 몰아가자
소년장수다

몸과마음다지여
장수가 되면
나라위해 우리도 큰 공 세울래
쩌쩌쩌쩌 누가 우릴 당하랴
말을 몰아가자 말을 몰아가자

우릴 보고 어리다 얕보지 말아
나라위한 싸움에 떨쳐나섰다
쩌쩌쩌쩌 누가 우릴 당하랴
말을 몰아가자 말을 몰아가자
소년장수다
말을 몰아가자 말을 몰아가자
소년장수다

「어머니를 구하려」

어머니를 구하려
달려갔건만
피눈물을 뿌리면서 돌아오느나
아아아아 가슴속에 피가 흐르네

4.『고구려의 젊은 무사들』

작사 오영옥·작곡 함철

말몰아 달리며 어린 꿈 키울 때
소중히 가슴 가득 안고 살던 내 나라
아 고구려 너를 지켜 싸우리
용맹 떨치리
산악이 막아서면 용마되여 날으리
원수가 덤벼들면 백호되여 싸우리
아 고구려 너를 지켜 싸우리
용맹 떨치리

| 세미오시스 연구총서 06 |

북한 아동영화의 미디어의 횡단

초판 발행 2016년 6월 22일
초판 발행 2019년 6월 30일

지은이 김은정
발행인 김인철
총괄 · 기획 가정준 Director, University Knowledge Press
편집장 신선호 Executive Knowledge Contents Creator
기획 · 물류 이현진 Planning Expert
도서편집 박현정 Contents Creator
사전 · 도서편집 정준희 Contents Creator
도서편집 장혜린 Contents Creator
재무관리 강현주 Managing Creator
발행처 한국외국어대학교 지식출판콘텐츠원
02450 서울특별시 동대문구 이문로 107
전화 02)2173-2493~7
팩스 02)2173-3363
홈페이지 http://press.hufs.ac.kr
전자우편 press@hufs.ac.kr
출판등록 제6-6호(1969. 4. 30)
디자인 · 편집 (주)이환디앤비 02)2254-4301
인쇄 · 제본 네오프린텍 02)718-3111

ISBN 979-11-5901-600-4 94080 정가 18,000원
ISBN 978-89-7464-832-9 (세트)

*잘못된 책은 교환하여 드립니다.

HUiNE은 한국외국어대학교 지식출판콘텐츠원의 어학도서, 사회과학도서, 지역학 도서 Sub Brand이다. 한국외대의 영문명인 HUFS, 현명한 국제전문가 양성(International +Intelligent)의 의미를 담고 있으며, 휴인(携引)의 뜻인 '이끌다, 끌고 나가다'라는 의미처럼 출판계를 이끄는 리더로서, 혁신의 이미지를 담고 있다.

북한 아동영화와 미디어의 횡단